［過去問］

2025
桐朋小学校
入試問題集

・問題内容についてはできる限り正確な調査分析をしていますが、入試を実際に受けたお子さんの記憶に基づいていますので、多少不明瞭な点はご了承ください。

Shinga-kai

桐朋小学校

過去10年間の入試問題分析
出題傾向とその対策

2024年傾向

考査は１日で、４～６人１組で教室を移動しながら集団テストと個別テストを行いました。集団テストでは、絵画、折り紙で折ったものを使ったゲーム、虫のお面を作ってかぶり、段ボール箱などを用いてグループで虫の家を作る課題などがありました。個別テストはテスターと１対１で立ったまま行い、昆虫の絵カードを見て質問に答える常識の課題など、身の回りへの興味・関心や言語表現力を見る課題に取り組みました。考査当日には、事前に記入した「子育てに関するアンケート」の提出がありました。

傾　向

考査は2021年度以降は１日のみですが、2020年度までは第一次と、第一次合格者が対象となる第二次の２日間にわたって実施され、第一次で個別テスト、第二次で集団テスト、運動テストが行われていました。前提となるストーリーを設けて、考査を一連の流れの中で行うことが多く、2024年度は制作したお面をかぶって小さな虫に変身し、テスターのお話に沿って虫のお家や虫たちが遊べる場所を作りました。個別テストでは、日常生活の中で身につけられる知識や思考力を求められていると考えてよいでしょう。内容としては、数量、推理・思考、常識、構成、言語などが挙げられます。数量では10前後の数の操作や多少、推理・思考の比較では大小や長短など、常識では仲間探しが多く出題されています。構成の課題は、積み木やカードなどの具体物を使ってお手本と同じものを作る問題が出されています。言語では、幼稚園（保育園）や家庭での生活についての質問、見たり触ったりしてものの色や感触について答える問題、しりとりなどが出題されています。集団テストではお店屋さんごっこやお買い物ごっこ、ピクニックごっこ、キャンプごっこなどの「ごっこ遊び」がよく行われます。その遊びの中で、お友達とのかかわり方や相談の様子、参加意欲、ルールの理解力、お約束の守り方などの社会性、協調性が身についているかが見られます。また、衣類などのたたみ方、バンダナ結び、片づけなど、生活習慣の課題も出されています。個別テストの課題を立ったままで行うことや、面接が行われないことなども特徴です。

対　策

数については10前後の数がしっかり数えられ、多い少ない、分割（２分割、３分割）を理解できるようにしておきましょう。日常生活で家族の人数分のおはしやお皿を並べたり、おやつを分けたり、おはじきやビー玉などを使って数遊びをしたりするなど、具体物を操作して理解する力を伸ばしましょう。また、落ち着いて指示を聞き、しっかりと答えられるようにするためには、日ごろのご家庭での対話を大切にすることが第一です。推理・思考の比較については、子どもたちは日常生活の中でいつもあらゆるものに目を向け、観察したり見比べたりしています。その好奇心の芽を摘まないように配慮してあげましょう。「うわぁ、高い木だね！」「この箱はとても重いね」「とても広いお庭だね」などお子さんの意識を高めるような言葉掛けを積極的に行い、さまざまな物事に対する好奇心を育て、社会的関心を持つように促していくことが必要です。お子さんが疑問を抱いたことは親子で考えたり調べたりして、実際に確認する機会をたくさん作りましょう。「考える力」をつけるためには、生活体験がとても大切です。重さ比べは手で持って比べた後、実際にはかりを使って確かめるなど具体物を使い、その知識をペーパーの中でまとめ、定着させていきましょう。この分野は、やり方次第で楽しくできるか苦手意識を持ってしまうかが分かれるので、ご家庭でのひと工夫がポイントです。構成も、積み木やパズル、カードなどの具体物を使って、さまざまなパターンの構成遊びを楽しみながら力をつけていきましょう。制作では、かく、塗る、切る、貼るなどの基本的な作業や、道具の正しい使い方を身につけておきましょう。集団テストが行われる場合は制作で作った作品から遊びに発展させることが多いので、作品の出来映えを気にするよりも制作を楽しむこと、指示をよく聞いて最後まで集中して取り組む姿勢が大切です。集団テストの行動観察でよく出題される「ごっこ遊び」については、「遊び場」が少なくなっているといわれる現代だからこそ、遊具がなくても自分たちでルールを作るなど、工夫して楽しく遊べるかどうかが大きなポイントです。ある場面をイメージし、その役柄になりきって楽しむごっこ遊びは、お友達とのかかわりだけでなく集中して遊ぶことができるか、お互いの発想や展開に沿って対応できるかが問われるクリエイティブな遊びでもあります。ご家庭で探検ごっこやお店屋さんごっこをしたり、身の回りのものを何かに見立てて遊んだりするなど、生活の中でも遊びの時間を大切にしていきましょう。親子で自然にふれたり、お風呂でしりとりやなぞなぞなどの言葉遊びをしたりする中で、常に会話をしっかりと交わし、お子さんの気持ちや心の動きをつかみ、想像力をかき立てるような言葉掛けを忘れないでください。お子さんの力を引き出す「言葉掛け」を意識して、親子のコミュニケーションの中に上手に取り入れることによって、言語力を伸ばし、感性豊かで生き生きとした子どもに育てていきましょう。

年度別入試問題分析表

【桐朋小学校】

	2024	2023	2022	2021	2020	2019	2018	2017	2016	2015
ペーパーテスト										
話										
数量										
観察力										
言語										
推理・思考										
構成力										
記憶										
常識										
位置・置換										
模写										
巧緻性										
絵画・表現										
系列完成										
個別テスト										
話					○	○	○	○	○	○
数量		○	○		○	○	○	○	○	○
観察力						○				
言語	○	○	○	○	○	○	○	○	○	○
推理・思考			○	○	○	○	○	○	○	○
構成力					○	○	○		○	○
記憶								○		
常識	○		○	○	○	○	○	○	○	
位置・置換		○				○		○		
巧緻性										
絵画・表現										
系列完成										
制作				○						
行動観察				○		○				
生活習慣					○					
集団テスト										
話										
観察力										
言語										
常識										
巧緻性	○	○	○						○	
絵画・表現	○	○	○							○
制作	○	○	○		○	○	○	○	○	○
行動観察	○	○	○		○	○		○	○	○
課題・自由遊び										
運動・ゲーム		○					○			
生活習慣							○	○		○
運動テスト										
基礎運動								○		
指示行動										
模倣体操										
リズム運動										
ボール運動										
跳躍運動										
バランス運動										
連続運動					○	○	○	○	○	○
面接										
親子面接										
保護者(両親)面接										
本人面接										

※伸芽会教育研究所調査データ

小学校受験Check Sheet

お子さんの受験を控えて、何かと不安を抱える保護者も多いかと思います。受験対策はしっかりやっていても、すべてをクリアしているとは思えないのが実状ではないでしょうか。そこで、このチェックシートをご用意しました。１つずつチェックをしながら、受験に向かっていってください。

✱ペーパーテスト編

①お子さんは長い時間座っていることができますか。

②お子さんは長い話を根気よく聞くことができますか。

③お子さんはスムーズにプリントをめくったり、印をつけたりできますか。

④お子さんは机の上を散らかさずに作業ができますか。

✱個別テスト編

①お子さんは長時間立っていることができますか。

②お子さんはハキハキと大きい声で話せますか。

③お子さんは初対面の大人と話せますか。

④お子さんは自信を持ってテキパキと作業ができますか。

✱絵画、制作編

①お子さんは絵を描くのが好きですか。

②お家にお子さんの絵を飾っていますか。

③お子さんははさみやセロハンテープなどを使いこなせますか。

④お子さんはお家で空き箱や牛乳パックなどで制作をしたことがありますか。

✱行動観察編

①お子さんは初めて会ったお友達と話せますか。

②お子さんは集団の中でほかの子とかかわって遊べますか。

③お子さんは何もおもちゃがない状況で遊べますか。

④お子さんは順番を守れますか。

✱運動テスト編

①お子さんは運動をするときに意欲的ですか。

②お子さんは長い距離を歩いたことがありますか。

③お子さんはリズム感がありますか。

④お子さんはボール遊びが好きですか。

✱面接対策・子ども編

①お子さんは、ある程度の時間、きちんと座っていられますか。

②お子さんは返事が素直にできますか。

③お子さんはお父さま、お母さまと３人で行動することに慣れていますか。

④お子さんは単語でなく、文で話せますか。

✱面接対策・保護者（両親）編

①最近、ご家族での楽しい思い出がありますか。

②ご両親の教育方針は一致していますか。

③お父さまは、お子さんのお家での生活や幼稚園・保育園での生活をどれくらいご存じですか。

④最近タイムリーな話題、または昨今の子どもを取り巻く環境についてご両親で話をしていますか。

section
2024 桐朋小学校入試問題

選抜方法

考査は１日で、指定日時に集団テストと個別テストを行う。所要時間は２時間～２時間30分。

集団テスト

４～６人１組で行う。

1 絵画（課題画）

ホワイトボードにテーマに沿った背景が描かれ、各自の机にＢ６判の白い紙、クレヨン(12色）が用意されている。(テーマは考査日時により異なる)

・好きな海の生き物（レストランの料理、お菓子）を描きましょう。
・描き終わったらもう１枚紙をもらい、同じようにもう１つ描きましょう。
※できた絵をテスターのところに持っていき、水族館（レストラン、お菓子屋さん）の背景が描いてあるホワイトボードにマグネットで留めてもらう。

2 巧緻性・行動観察

グループによってⒶ、Ⓑのいずれかを行う。

Ⓐパックンチョ作り・カード渡しゲーム
机の上に、折り紙、食べ物の絵カード数枚、絵カードを載せるためのお皿が用意されている。

・好きな色の折り紙を選んで、「パックンチョ」を折りましょう。
・できあがったパックンチョを指にはめて、机の周りに立ちましょう。
・先頭の人は、パックンチョでカードを１枚つかんで、隣のお友達に渡してください。隣の人はパックンチョでカードを受け取り、また隣のお友達に渡します。同じように順番にカードを渡していき、最後の人がカードをお皿に載せたら、先頭の人は２枚目のカードを同じように渡していきましょう。

Ⓑ魚作り・魚釣りゲーム
机の上に、魚のお手本、折り紙、クリップが用意されている。

・好きな色の折り紙を２枚選んで、お手本通りに１人２匹の魚を折りましょう。折った魚にクリップをつけてください。

床に丸くテープを張って作られた池が2つあり、割りばしに結ばれたひもの先に磁石がついた釣りざおが1人1本ずつ渡される。グループごとに1つの池に自分たちで折った魚を入れて釣って遊ぶ。途中でテスターが折った少し大きい魚が追加される。2つの池を交替しながら、2グループ対抗で3回行う。

〈約束〉
・釣るときには魚を手で触らない。
・子どもが折った魚は1点、テスターが折った魚は5点として点数を計算する。
・「始め」の合図で始め、「やめ」と言われたら魚を釣る池を交替する。

3 制作・巧緻性（虫のお面作り）

各自の机に大きな丸がかかれた台紙、モール、丸シール（白、黒）が入ったトレー、クーピーペン（黒）、セロハンテープ、はさみが用意されている。グループによってテントウムシ、アリ、カマキリなど虫の種類が指定され、各自お面を作る。
・台紙の丸をはさみで切り取りましょう。白と黒のシールを重ねて貼って目にして、クーピーペンで口を描きます。モールを半分に切って、触角になるようにセロハンテープで貼ってください。
・細長い紙を配りますので、頭にかぶれるくらいの大きさの輪にして留め、お面にセロハンテープで貼りましょう。

4 行動観察（虫のお家作り）

段ボール箱（大、中、小）、ホース、ロープ、画用紙の葉っぱ、黄緑の棒が複数用意されている。3で作ったお面をかぶって小さな虫に変身し、初めにテスターのお話を聞いてから、用意されたものを使ってお話に合う虫のお家や遊ぶ場所をグループで協力しながら作る。

（テントウムシのグループ）
・（テスターが電灯を消す）太陽がどこかへ行ってしまい、夜のように暗くなってしまいました。先生はホタルです。テントウムシたちを明るく照らしてあげたいのですが、少ししか照らすことができません。みんなでお家やお花を作って、お家のてっぺんに太陽が喜ぶものをつけると、太陽は元気が出て戻ってくるかもしれませんよ。

（アリのグループ）
・アリになってお散歩に出かけましょう。あれ？　急にお天気が悪くなってきました。（テスターが電灯を消す）みんなでお家やお花を作って、お家のてっぺんに太陽が喜ぶものをつけると、太陽は元気になって出てくるかもしれません。虫が喜ぶものを作れば、太陽も喜ぶと思いますよ。

（カマキリのグループ）

・スズムシが女の子に色々な写真が入ったお手紙を送ってきました。カマキリの写真の中から「こんにちは」とカマキリが現れて、女の子の頭に登ってきます。すると、女の子はどんどん小さくなりました。カマキリと女の子が仲よく遊べる場所をみんなで作りましょう。

個別テスト

テスターと１対１で、立ったまま課題に取り組む。

言　語

・お名前、年齢、誕生日を教えてください。
・幼稚園（保育園）の名前を教えてください。
・その幼稚園（保育園）はどこにありますか。
・幼稚園（保育園）の先生の名前を教えてください。

5 常　識

昆虫の絵カード（テントウムシ、コオロギ、セミ、ホタル、ハチ、カブトムシなど）が用意されている。テスターが絵カードを見せる。

・桐朋小学校には自然広場があって、虫がたくさんいます。（絵カードを見せて）この虫は何か知っていますか。

※さらに質問が発展する場合もある。

面接資料／アンケート

Ｗｅｂサイトからダウンロードした子育てに関するアンケート（Ａ４判）に記入し、考査当日に提出する。

・具体的なエピソード（最近の出来事）をもとに、「子育てについて　ご家庭で大切にしていること」と、「桐朋小学校の教育において　大切にされていること」とのつながりについて、教えてください。

1

〈水族館〉

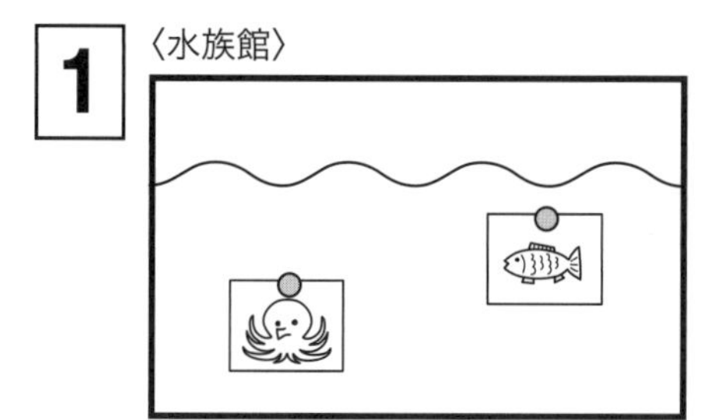

〈レストラン〉

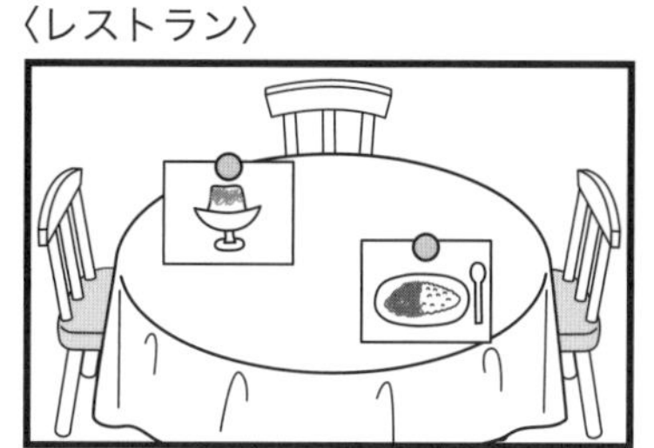

〈お菓子屋さん〉

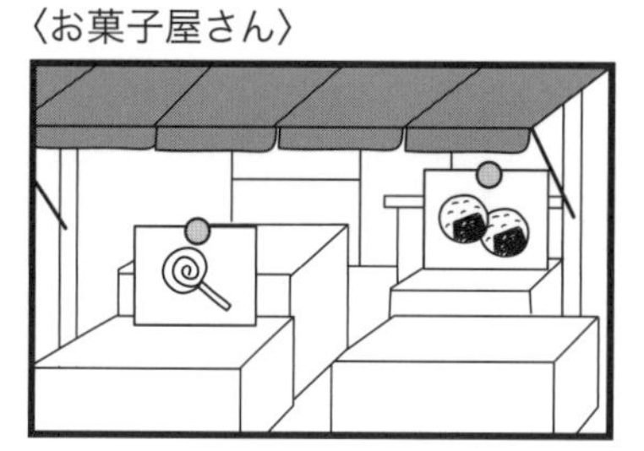

全員の絵をマグネットでホワイトボードに留める

2
|
A

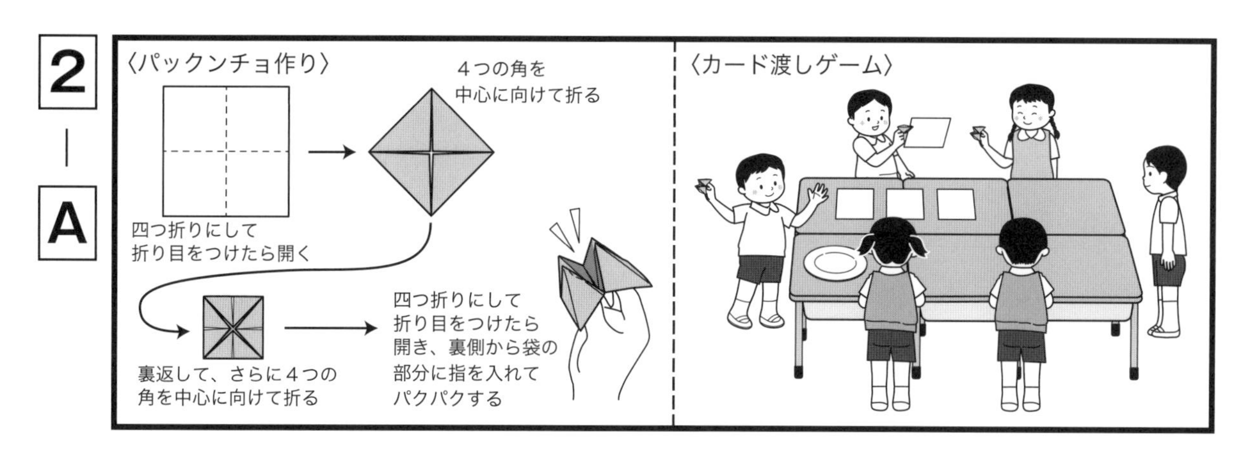

B

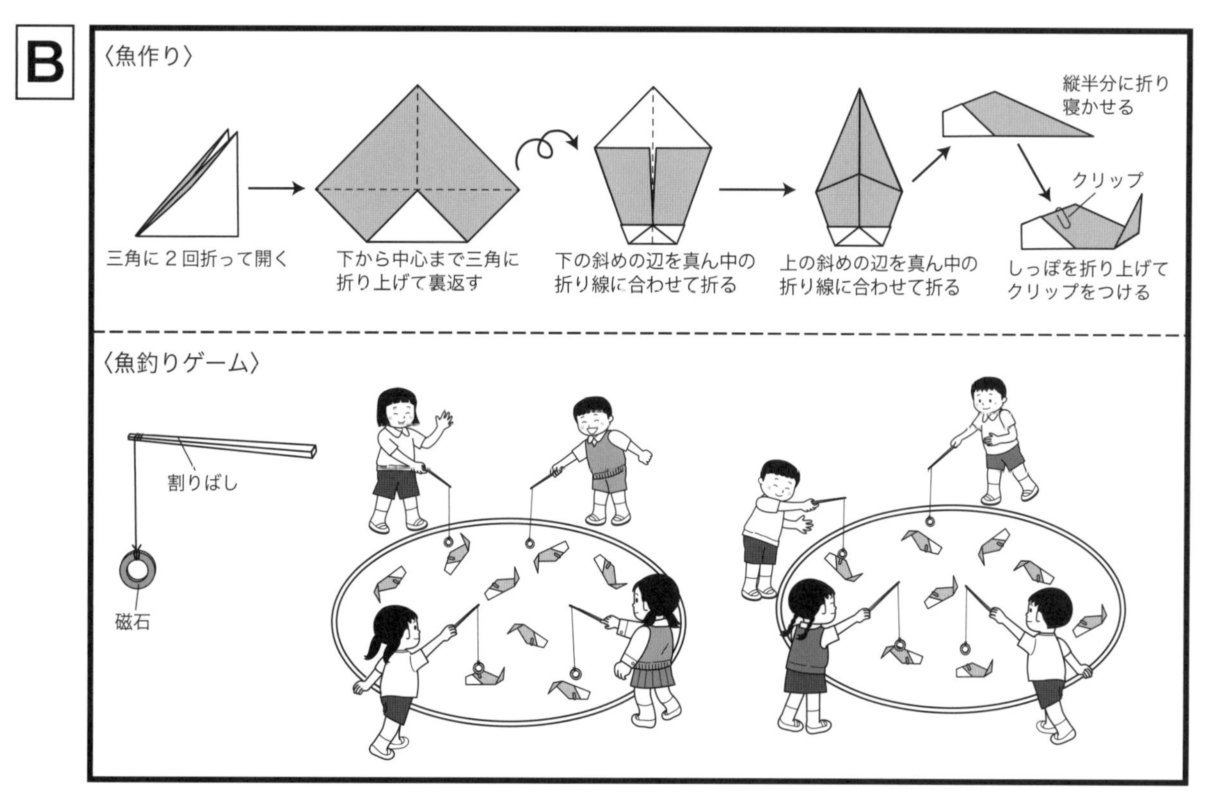

3

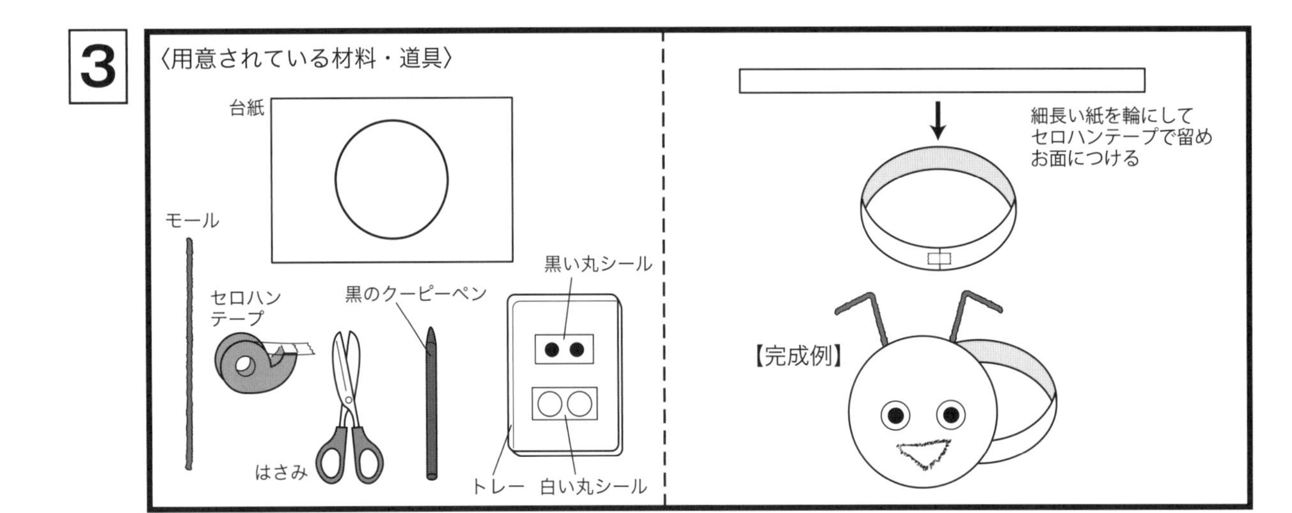
〈用意されている材料・道具〉
台紙
モール
セロハン
テープ
黒のクーピーペン
黒い丸シール
はさみ
トレー
白い丸シール
細長い紙を輪にして
セロハンテープで留め
お面につける
【完成例】

4

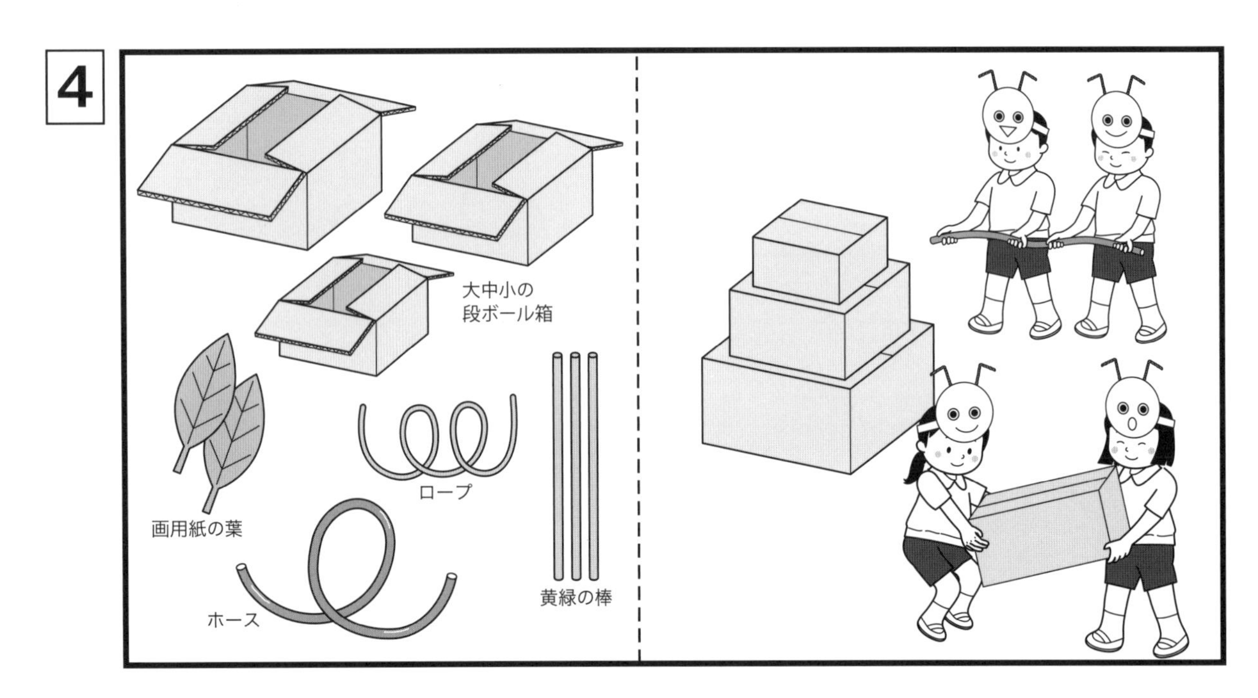
大中小の
段ボール箱
画用紙の葉
ロープ
ホース
黄緑の棒

5

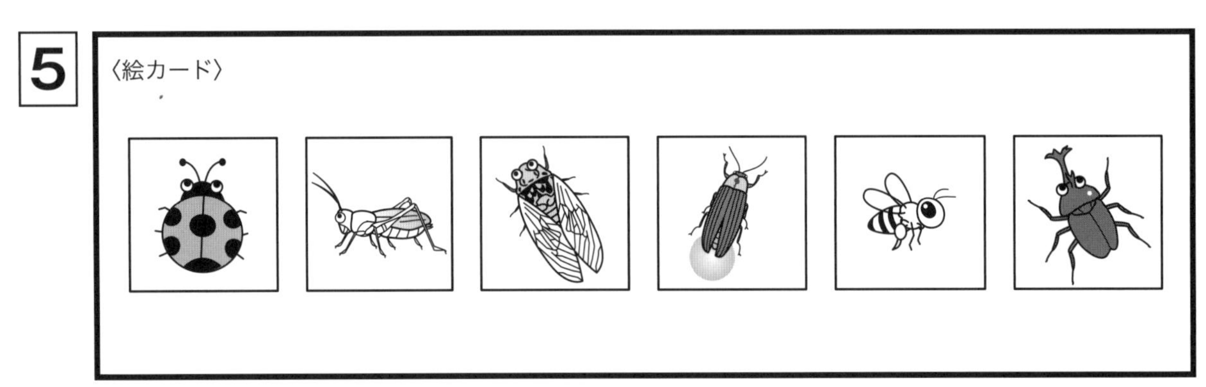
〈絵カード〉

section
2023 桐朋小学校入試問題

選抜方法

考査は１日で、指定日時に個別テストと集団テストを行う。所要時間は１時間30分～２時間。

個別テスト

テスターと１対１で、立ったまま課題に取り組む。

1 数　量

台紙、三角のカード９枚が用意されている。

・４つの四角に、カードを同じ数ずつ分けて置きましょう。残ったカードは机の上に置いてください。

2 位　置

並んだ四角の中に３種類の形のカード（三角、長四角、丸）が数枚置かれたお手本、お手本と同じように並んだ四角がかかれた台紙、３種類の形のカード（三角、長四角、丸）各２枚が用意されている。

・お手本と同じところに、同じ形のカードを置きましょう。

3 言　語

すごろくの台紙、複数枚の絵カードが用意されている。テスターの指示を聞き、すごろくを行う。

〈ルール〉

テスターが机に伏せて重ねてある絵カードのうち１枚を表にして絵を見せる。すごろくは扉からスタートして、見せられた絵の名前の音の数だけマス目を指でさしながら進んでいく。数枚のカードの絵を順次見せられながら、音の数ずつマス目を進む。ワニのいる川の絵があるマス目は飛ばして進む。

4 言　語

・お名前を教えてください。

・幼稚園（保育園）の外には何がありますか。その中で好きなものは何ですか。

・あなたのお家はどのようなお家ですか。お家でよく遊ぶ場所の様子を教えてください。（ほかに幼稚園（保育園）の室内の様子などを聞かれたグループもあった）

※子どもの回答に沿ってテスターが絵を描く。描いた絵を示しながら、「ここには不思議

なドアがあって、ドアを開けると人形の国につながっています」とお話しして、集団テストの活動へと発展させていく。

集団テスト

3、4人1組で行う。

5 制作・巧緻性（魔法のじゅうたんに乗った人形作り）

各自の机に、丸がかかれた台紙、丸シール（黒）2枚、紙袋（白）または封筒（グループにより異なる）、クレヨン、液体のり、はさみが用意されている。離れた机の上には丸、三角、四角、長四角、ひし形などの形に切られたさまざまな色の画用紙が置いてある。グループによって人か動物のいずれかを指定されて作る。

・台紙の丸を線に沿って切り、黒いシールを目になるように貼って、顔を作りましょう。
・紙袋（または封筒）は人形の体にします。先ほど作った顔を貼りましょう。
・手足や口、耳などは、向こうの机から形の紙を取ってきて、好きなように貼って作りましょう。そのほかにクレヨンで描いてもよいですよ。

じゅうたんの模様が描かれた台紙、洗濯ばさみ2つが配られる。

・じゅうたんの台紙をくしゃくしゃに丸め、破れないようにゆっくり開いて広げましょう。
・じゅうたんの上に作った人形を乗せて、落ちないように洗濯ばさみで留めましょう。

6 制作・行動観察

各自の机に、新聞紙とセロハンテープが用意されている。グループによってA、Bのいずれかを行う。

Aフリスビー作り・フリスビー飛ばし

・新聞紙（見開きを半分に折ったもの）の周りを内側に折り込んで、円盤状になるように形を整える。折り込んだ部分はセロハンテープで留める。
・作ったフリスビーを飛ばして遊ぶ。決められた線の後ろから投げて、壁に貼ってある的に当てたり、机の下を通したりする。

B紙玉作り・玉入れ

・新聞紙（見開きを半分に折ったもの）を丸めてセロハンテープで留め、紙玉にする。
・作った紙玉を使って、玉入れをする。決められた線の後ろから投げて、前方のカゴに入れる。

7 行動観察（人形の国作り）

5で作った人形を持って教室のドアの前に立ち、テスターの掛け声に合わせて一斉に呪文を唱えながら入室する。ジョイントマットやブルーシート、緑の網目シートなどを使って人形の国に見立てたコースが途中までセッティングされており、ほかにコーン、ソフト積み木、網目シート、ビニールシート、段ボール箱、ジョイントマットが用意されている。各自作った人形はテスターが黒板に貼ってくれる。

・ここは人形の国です。今から１人ずつ進んでいきます。並んでいるマットの上をケンパー・ケンパー・ケンケンパーで進み、ワニのいる川はジャンプして跳び越えましょう。次のトンネルは、両ひざをついて進んでくぐり抜けましょう。

セッティングされた人形の国の続きのコースを、用意されたものを使ってお友達と協力して作る。障害物や落とし穴なども工夫して作る。

・グループのお友達と相談しながら、用意されたものを使って人形の国の続きを作りましょう。仕掛けを考えてもよいですよ。
・作り終わったら、１人ずつスタートからコースを進んで遊びましょう。

絵　画

各自の机にＢ６判の白い紙、鉛筆が用意されている。

・好きなものの絵を描きましょう。
・描き終わったらもう１枚紙をもらい、同じように好きなものの絵を描きましょう。

リズム遊び

・「ずいずいずっころばし」の曲に合わせて手遊びをする。曲が終わるまで3回ほど行う。
・各自にお手玉が１個渡され、「あんたがたどこさ」の曲に合わせて左右の手でお手玉を持ち替える。
・２人組になり「おちゃらかほい」の曲に合わせて手遊び、ジャンケンをする。テスターが「やめ」と言うまでくり返し行う。

面接資料／アンケート

Ｗｅｂサイトからダウンロードした子育てに関するアンケート（Ａ４判）と、健康観察票に記入し、考査当日に提出する。以下のような項目がある。

〈子育てに関するアンケート〉
・子育て日記（考査直近の５日分の子どもの様子を簡単な日記形式で記入）。

〈健康観察票〉
・考査当日の本人、来校する保護者の検温結果と健康状態など。
・考査前３日間の本人の検温結果と、本人とその同居家族の健康状態。

1

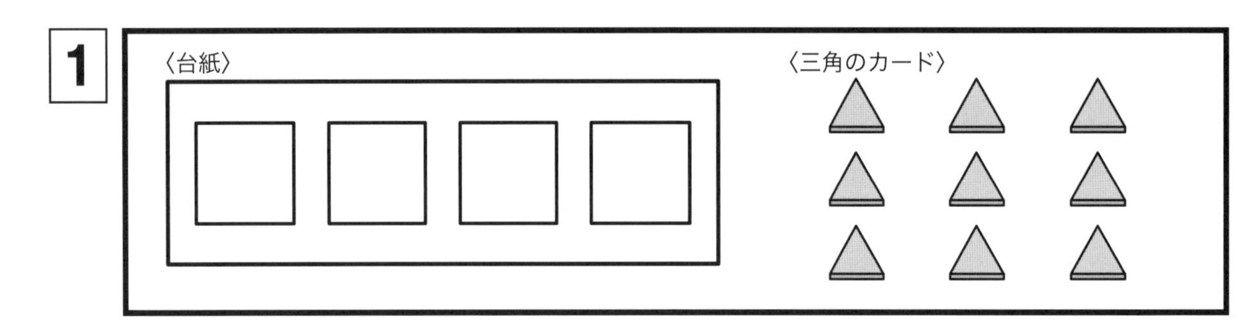

2

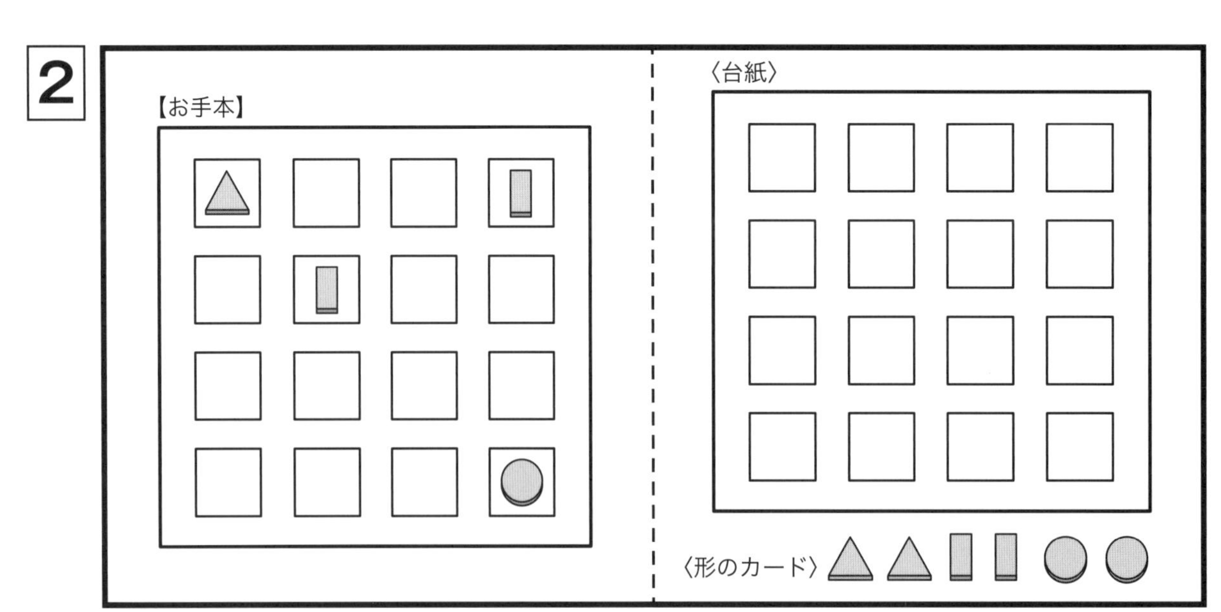

3

4

5

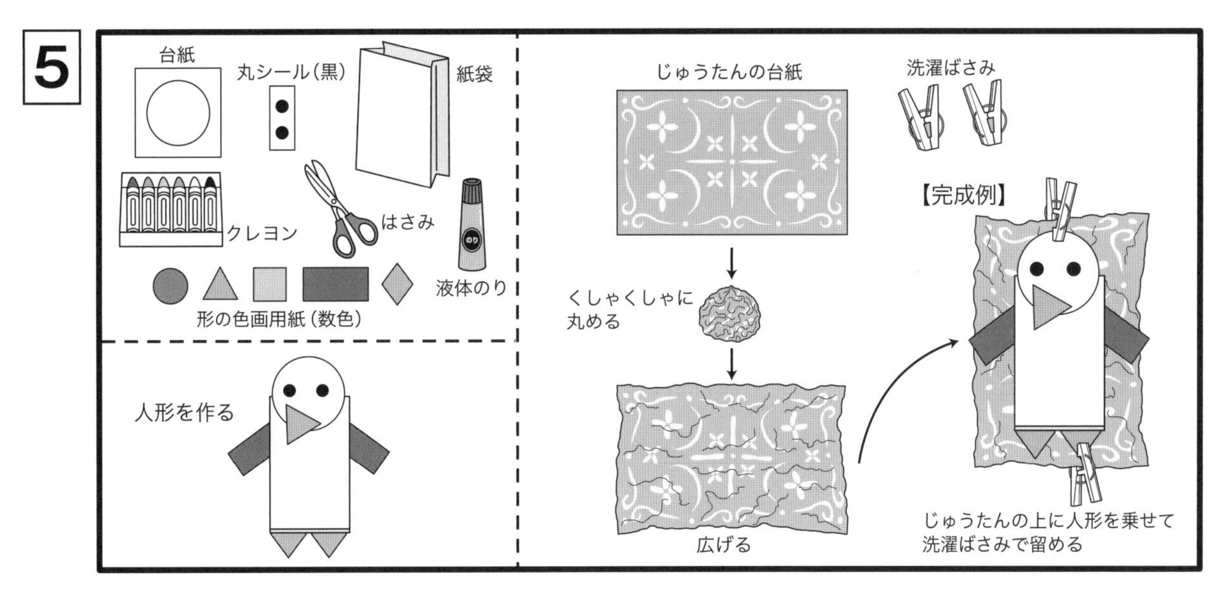
台紙
丸シール（黒）
紙袋
クレヨン
はさみ
液体のり
形の色画用紙（数色）
人形を作る
じゅうたんの台紙
洗濯ばさみ
【完成例】
くしゃくしゃに
丸める
広げる
じゅうたんの上に人形を乗せて
洗濯ばさみで留める

6 — A

〈フリスビー作り〉
新聞紙
周りを折り込んで
セロハンテープで
留める
表側
1
3
2
机

B

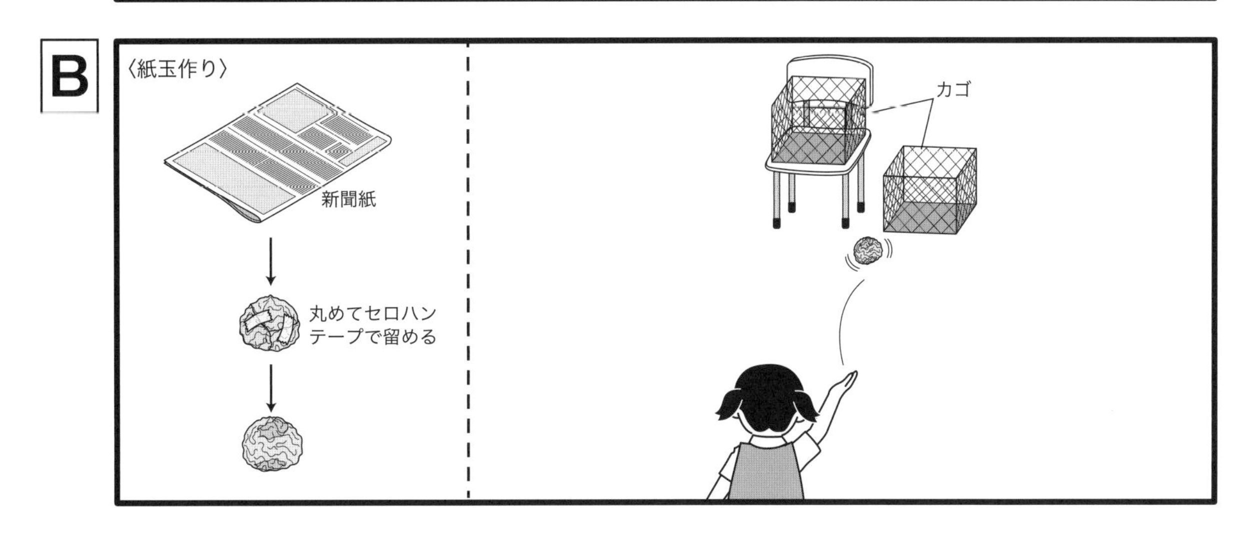
〈紙玉作り〉
新聞紙
丸めてセロハン
テープで留める
カゴ

7

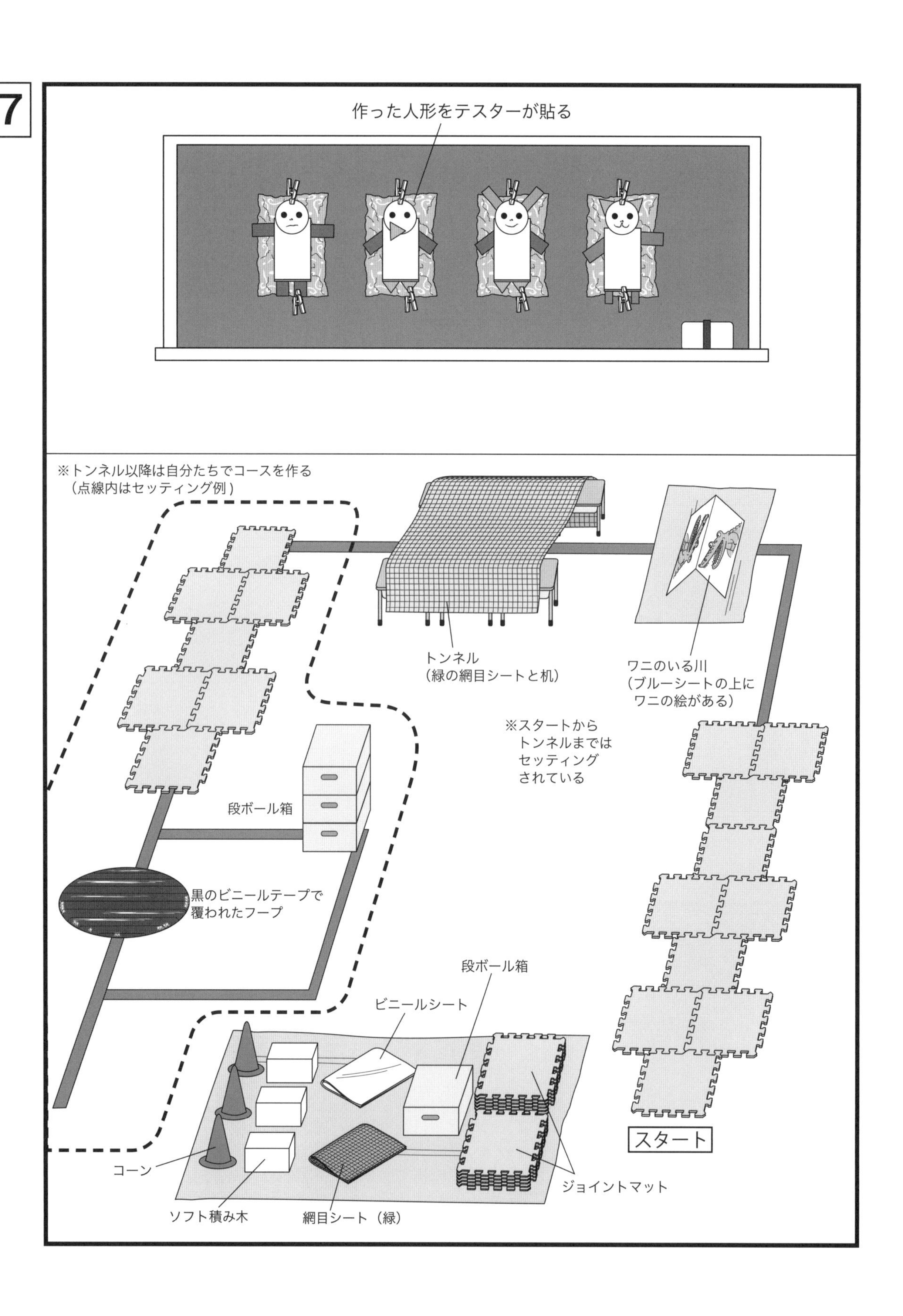
作った人形をテスターが貼る
※トンネル以降は自分たちでコースを作る
（点線内はセッティング例）
トンネル
（緑の網目シートと机）
ワニのいる川
（ブルーシートの上に
ワニの絵がある）
※スタートから
トンネルまでは
セッティング
されている
段ボール箱
黒のビニールテープで
覆われたフープ
段ボール箱
ビニールシート
コーン
ソフト積み木
網目シート（緑）
ジョイントマット
スタート

section
2022 桐朋小学校入試問題

選抜方法

考査は１日で、指定日時に個別テストと集団テストを行う。所要時間は１時間30分～２時間。

個別テスト

テスターと１対１で、立ったまま課題に取り組む。出題ごとに、テスターが箱から必要なものを取り出す。

1 数　量

テスターが実物の２種類の貝（巻き貝と二枚貝）を出し、机の上にバラバラに置く。

・どちらの数が多いですか。答えましょう。

・いくつ多いですか。答えましょう。

2 推理・思考（比較）

テスターが、大きさの違うマツボックリ４個とドングリ４個を出す。

・マツボックリだけを大きい順に並べましょう。

3 常識（仲間探し）・言語

テスターが６枚の絵カードを出す。

・絵カードを仲間に分けましょう。どうしてそのように分けたのか、理由も教えてください。

・この中で、あなたがやったことがあるのはどれですか。

・あなたがやってみたいことはどれですか。理由も教えてください。

集団テスト

３、４人１組で行う。

4 絵画・巧緻性

ホワイトボードにテーマ（考査日時により異なる）に沿った背景が描かれ、前方の机の上にＡ６判の多数の紙、各自の机にクレヨン（12色）が用意されている。

（動物園）

・好きな動物の絵を描いて、周りを手でちぎりましょう（実在する動物でも、想像上の動物でもよい）。いくつ描いてもよいですよ。

・どんな動物を描きましたか。教えてください。

（土の上と土の下）
・土の上のものや土の下のものを描きましょう（生き物や植物など。想像上のものでもよい）。いくつ描いてもよいですよ。
・何を描きましたか。教えてください。

※できた絵はテスターまで持っていき、背景のどこに置きたいかを伝え、マグネットでホワイトボードに留めてもらう。

5 制作（キャンプファイヤー作り）

各自に台紙、折り紙（茶色）、炎をかたどった色画用紙、クレヨン、液体のり、はさみが用意されている。テスターがお手本を見せながら指示を出す。
・茶色い折り紙を半分に折って開き、真ん中の折り線の通りに切って２枚の長四角にしましょう。
・２枚の長四角を山の形になるように重ねて、のりで貼りましょう。
・その上に赤い炎を貼りましょう。キャンプファイヤーができました。
・キャンプファイヤーを台紙の左側に貼りましょう。その右に、黒いクレヨンで三角を１つかきましょう。テントに見えますね。

6 構成（共同パズル）

分割された地図のピースが各自に１つ配られる。
・お友達の持っている地図とつなげて、キャンプ場に行くための地図を完成させましょう。

7 行動観察（キャンプごっこ）

教室内がキャンプ場のようにセッティングされている。
・ここがキャンプ場の入口です。川の真ん中の細い橋を渡りましょう。途中で橋が壊れているので、マットから向こう岸まで両足で飛び移ってください。
・キャンプ場に着きました。グループのお友達と相談しながら、自由にキャンプごっこをしましょう（テントを張る、魚釣りをする、虫捕りをする、お料理をするなど）。

面接資料／アンケート

Ｗｅｂサイトからダウンロードした子育てに関するアンケート（Ａ４判）と、健康観察票に記入し、考査当日に提出する。以下のような項目がある。

〈子育てに関するアンケート〉
・子育て日記（考査直近の５日分の子どもの様子を簡単な日記形式で記入）。

〈健康観察票〉

・考査当日の本人、来校する保護者の検温結果と健康状態など。

・考査前 5 日間の本人の検温結果と、本人とその同居家族の健康状態。

1

2

3

4

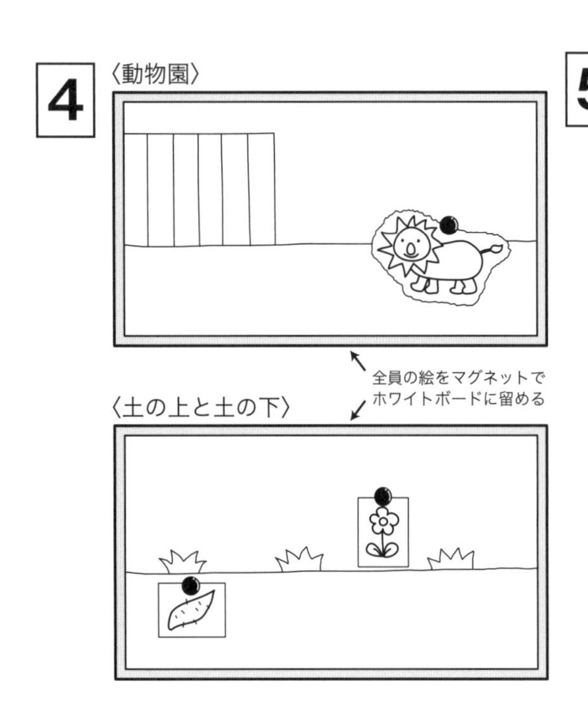
〈動物園〉
全員の絵をマグネットで
ホワイトボードに留める
〈土の上と土の下〉

5

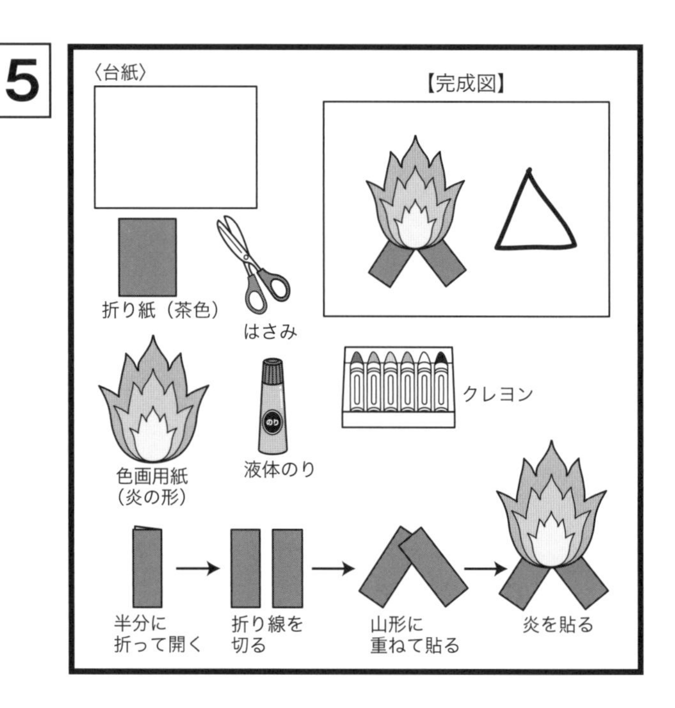
〈台紙〉
【完成図】
折り紙（茶色）
はさみ
色画用紙
（炎の形）
液体のり
クレヨン
半分に
折って開く
折り線を
切る
山形に
重ねて貼る
炎を貼る

6

〈4分割されたキャンプ場の地図〉

7

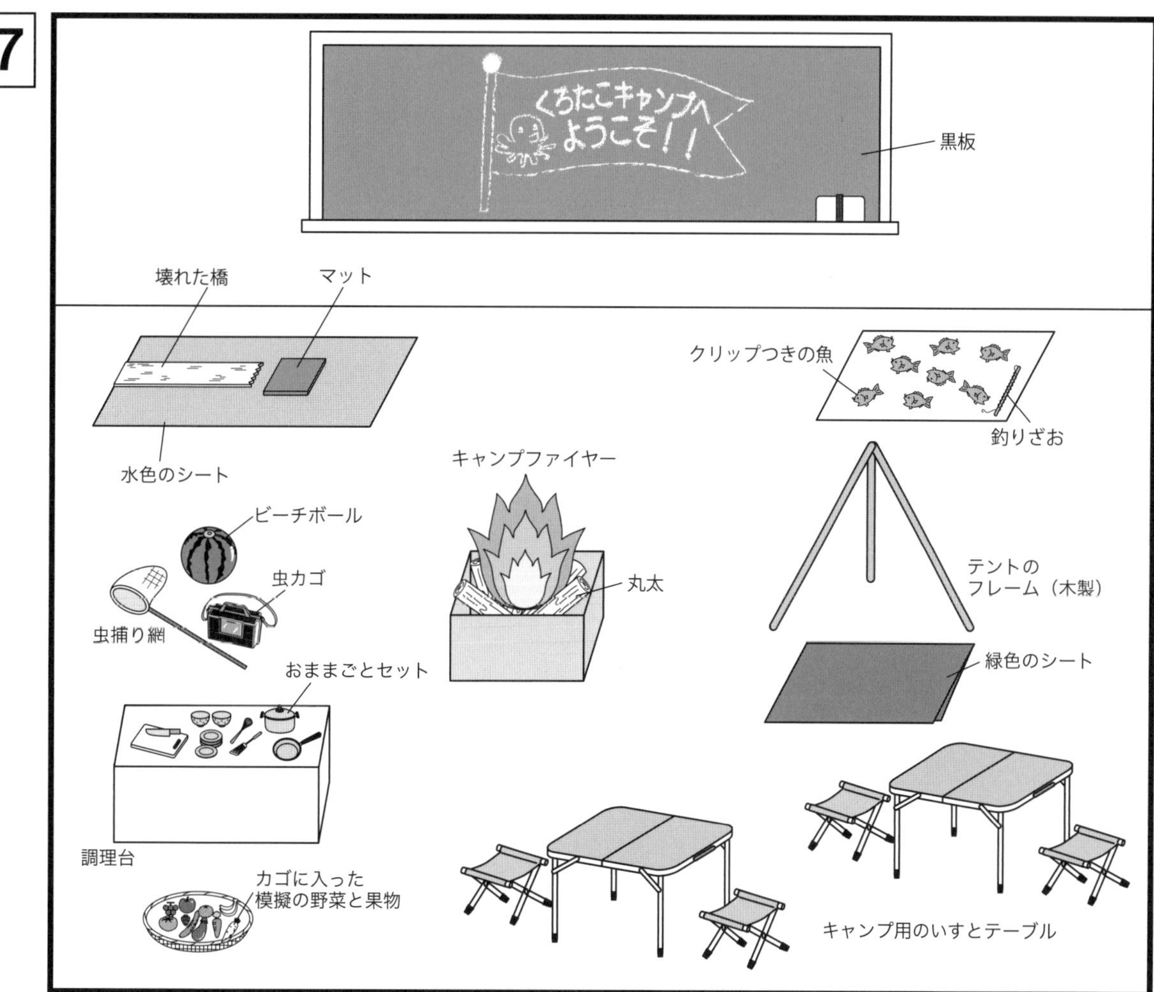

2024
2023
2022
2021
2020
2019
2018
2017
2016
2015

section
2021 桐朋小学校入試問題

選抜方法

考査は１日で、指定日時に個別テストを行う。所要時間は30分〜１時間。

個別テスト

教材が置かれた机の前に立ったまま課題に取り組む。２人１組で入室し、２人一緒またはテスターと１対１で行う。

1 制作（輪つなぎ）

数色の１／２サイズの折り紙（長四角）、セロハンテープ、はさみが用意されている。テスターが輪つなぎを作る様子を見る。細長い折り紙を輪にしたら少し重ねてセロハンテープで留め、もう１枚の折り紙を輪に通して同様に留める。

・好きな色の折り紙を１枚選びましょう。

・（テスターが中央に線を引く）線の通りに切って２枚の細い長四角にして、今見たように輪つなぎを作りましょう。

2 推理・思考

目を閉じるように指示される。テスターがマラカスのように音の鳴る筒を振る。

・目を開けましょう。どんな音が聞こえましたか。

・何が入っていると思いますか。どうしてそう思いましたか。

3 言語・常識（想像力）

紙芝居を見ながらお話を聴く。

「今日はとてもよい天気です。たろう君は幼稚園で、お母さんが作ってくれたお弁当をおいしそうに食べています。食べ終わると園庭で遊ぶ時間になりました。『みんな、何する？』たろう君がみんなに声をかけました。『ブランコしよう！』『いいね！』ブランコの周りはすぐにお友達でいっぱいになりました。『いよいよ僕の番だ』。たろう君はやっとブランコに乗ることができました。少しすると、近くにいたはなこさんがこちらを見ています。どうやらブランコを漕ぎたいようです」

・あなたがたろう君だったらどうしますか。

・あなたは外で何をして遊ぶのが好きですか。

4 常　識

机の上に、手が入る穴の開いた箱、生き物の子どものころの様子や植物の種などの絵カードが用意されている。テスターが絵カードを１枚取って見せ、穴から箱に入れる。
・今入れたものが大きくなったらどうなりますか。（解答すると、大きくなった様子の絵カードをテスターが箱から出して見せる）

5 指示行動

床に大きさの違う５つの四角い枠と、１本の線がテープで貼ってある。
・線の上に立ち、四角い枠を大きさの順番に指でさしましょう。
・立っている線から一番大きい四角の中にジャンプして入り、元の線にジャンプして戻りましょう。続けて、大きい四角から順番にすべて同じようにジャンプして入り、そのつど元の線にジャンプして戻りましょう。

面接資料／アンケート

出願後に届く子育てに関するアンケート（Ａ４判）と健康観察票に記入し、考査当日に提出する。以下のような項目がある。

〈子育てに関するアンケート〉
・ミニ子育て日記（考査直近の５日分の子どもの様子を簡単な日記形式で記入）。

〈健康観察票〉
・考査当日の本人、来校する保護者の検温結果と健康状態など。
・考査前１週間の本人の検温結果と、本人とその同居家族の健康状態。

1

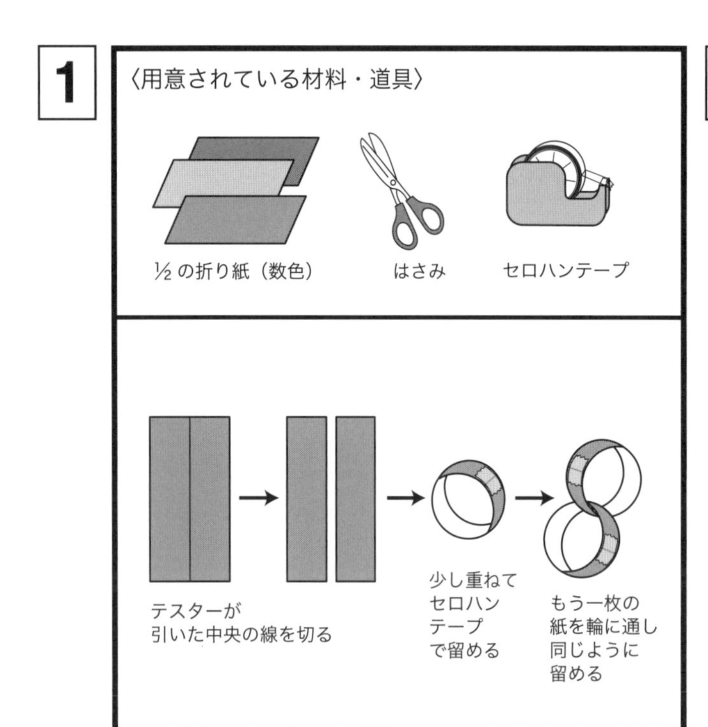
〈用意されている材料・道具〉
½の折り紙（数色）
はさみ
セロハンテープ
テスターが
引いた中央の線を切る
少し重ねて
セロハン
テープ
で留める
もう一枚の
紙を輪に通し
同じように
留める

2

3

4

5

section
2020 桐朋小学校入試問題

選抜方法

第一次 考査は1日で、個別テストを行い、220名を選出する。所要時間は30分〜1時間。

第二次 第一次合格者を対象に受験番号順に8〜16人単位で集団テスト、運動テストを行う。所要時間は1時間30分〜1時間50分。

考査：第一次

個別テスト

机が横に並んでいて、必要な教材がそれぞれ置いてある。机を移動しながら、テスターと1対1で立ったまま課題に取り組む。

1 指示の理解・数量・生活習慣

A
机の上にバンダナで包んだ箱が置いてあり、中にクマ、ウサギ、ネズミの絵カードが入っている。机の中にはプラスチック製のコップが3個入っている。
・包みをほどいて箱の中から動物の絵カードを出し、左からクマ、ウサギ、ネズミの順に並べましょう。バンダナは2回たたんで、箱と一緒に机の端に置いてください。
・机の中からコップを出し、動物の絵カードの前にそれぞれ置きましょう。

水の入ったペットボトルを渡される。
・動物たちのコップにお水を入れましょう。お水はクマに一番多く、ネズミに一番少なく、ウサギにはクマの半分だけあげてください。

B
4枚の小皿、9個のアメが用意される。テスターから、キリンの絵カードを1枚渡される。
・ネズミの隣にキリンの絵カードを置きましょう。お皿を4匹の動物の前に置いてください。
・4匹の動物に、アメを仲よく同じ数になるように分けましょう。できるだけたくさん分けてあげてください。
・アメをどんなふうに分けたか、お話ししてください。
・動物の絵カードを元通り箱の中にしまい、バンダナで包みましょう。

2 お話作り

いろいろな鳥、公園、町の道路が描かれた３枚の絵カードを見せられる。

・これらはどんな絵ですか。この中で一番好きな絵はどれですか。その理由も教えてください。

３枚のうち、公園の絵カードを示される。

・この後、女の子は泣いてしまいました。どうして泣いてしまったと思いますか。お話を作ってください。

3 構　成

机の上に積み木を積んだお手本が２種類、立方体の積み木が６個置いてある。

・お手本と同じになるように、積み木を積みましょう。

4 推理・思考（対称図形）

二つ折りや四つ折りにした折り紙にそれぞれ線がかいてあるお手本Ａ・Ｂ、いくつかの形がかかれた台紙Ａ・Ｂが用意されている。

・お手本の折り紙を線の通りに切って開くと、どのような形ができますか。絵の中から１つ選んで指でさしましょう。

5 常識（仲間探し）

９枚の絵カードを見せられる。

・それぞれの絵カードに描かれているものの名前を教えてください。

・９枚の絵カードを３つの仲間に分けましょう。どうしてそのように分けたのか、理由も教えてください。

言　語

・お名前と年齢を教えてください。

・幼稚園（保育園）の名前を教えてください。

・お友達の名前を教えてください。

・お友達と何をして遊ぶのが好きですか。

・お友達のよいところを教えてください。

・今日はここに誰と来ましたか。

・ここに来るときには何に乗ってきましたか。

考査：第二次

2024 2023 2022 2021 2020 2019 2018 2017 2016 2015

集団テスト

2つのグループに分かれ、一方は赤、もう一方は青のランニング式ゼッケンをつけて行う。

6 制作（お面作り）

お面用の画用紙（白）、輪っか用の紙（黄色）、小さい真四角の折り紙（青）2枚、輪ゴム、クレヨン、液体のり、セロハンテープ、はさみが各自に用意されている。後方に折り紙、ストロー、球状の色つき綿、モールなどの材料が用意されている。テスターがお手本を見せながら説明し、指示を出す。

（輪っか作り）

・黄色い紙を真ん中の太い線で切り離し、星と星を重ねてセロハンテープで貼って1本にしましょう。

・星の右と左にクレヨンで赤の三角をかき、さらにその隣に青の折り紙をのりで貼りましょう。

・黄色い紙の両端に輪ゴムを挟んで折り返し、セロハンテープで留めて輪っかにしましょう。

（お面作り）

・白い画用紙の黒い線をはさみで切りましょう。

・後ろにある材料を自由に使って、好きなお面を作りましょう。生き物でも人でも何でもよいですよ。

※お面ができたら、テスターに輪っかをつけてもらう。

7 行動観察（お店屋さんごっこ）

青2チーム、赤2チームの4チームに分かれて行う。部屋の中に段ボール箱（大、小）、大きな布（オレンジ色、紺色）、ビニール袋に穴を開けて作った洋服（青、赤）、新聞紙、紙コップが置いてある。

・お店屋さん役とお客さん役に分かれて、お店屋さんになったチームは何のお店屋さんになるかを相談して決め、準備をしましょう。準備ができたら、自由にお店屋さんごっこをして遊びましょう。お店屋さん役とお客さん役は交替しながら遊びましょう。

運動テスト

8 連続運動

緑のラインからスタートして、ヘリコプター（進行方向に対し横向きになって両手両足を開いて立ち、180度ずつパタンパタンと向きを変えながら進む）で赤いラインまで進む→「クマさんがやって来た」と言いながらクマ歩きで緑のラインまで戻る→カエル跳び（両手を前につき、両足を蹴り上げ拍手のように足の裏を打ち合わせる）でマットの上を進む→２本の線の間で、「カニさんチョーン、カニさんチョーン」と言いながらカニ歩き（反復横跳び）をくり返す→フープの中に入ってテスターが投げたボールを受け、投げ返す。

面接資料／アンケート

一次合格者は、一次考査合格発表後に配付される子育てに関するアンケート（Ａ４判）に記入し、二次考査当日に提出する。以下のような項目がある。

Ａ
わたしたちは、学びと同じように遊びを大切にします。子ども時代にたっぷり遊び、心と身体を耕すことは大切です。遊びを通して、創造力、自立心、連帯、責任感、自主性、選択する力など、さまざまな豊かな力を育てます。

①裏面の写真（子どもたちが遊んでいる写真）を見てください。どのような声が聞こえてきますか。

②お子さんの遊びで「いいなあ」と思った場面は、どんな場面ですか。

Ｂ
保護者の方が、ご自身の生活の中でしあわせだと感じるのはどんなときですか。

1

|

A

B

2

3

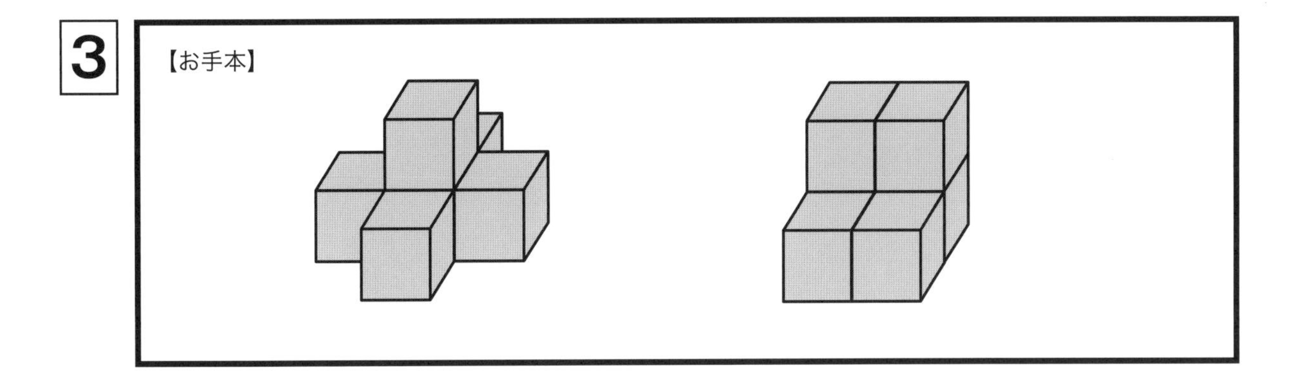

4

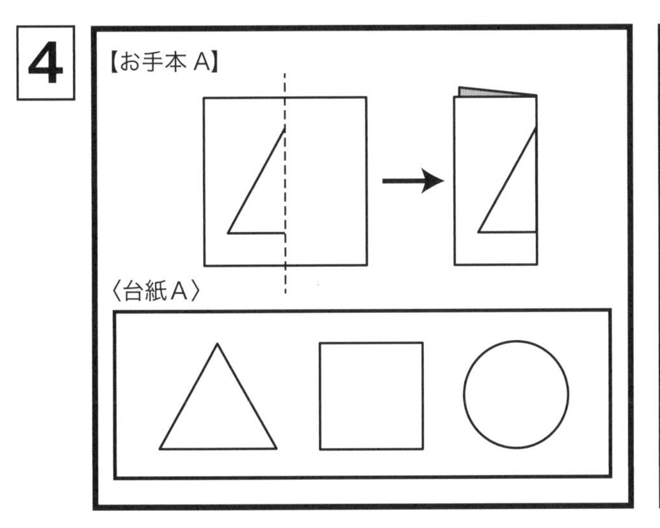

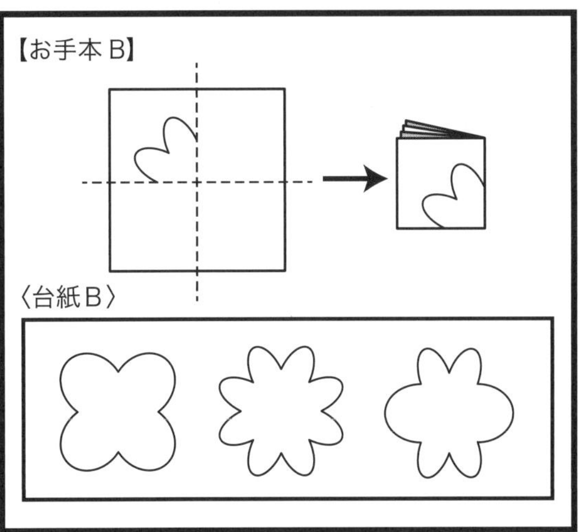

5

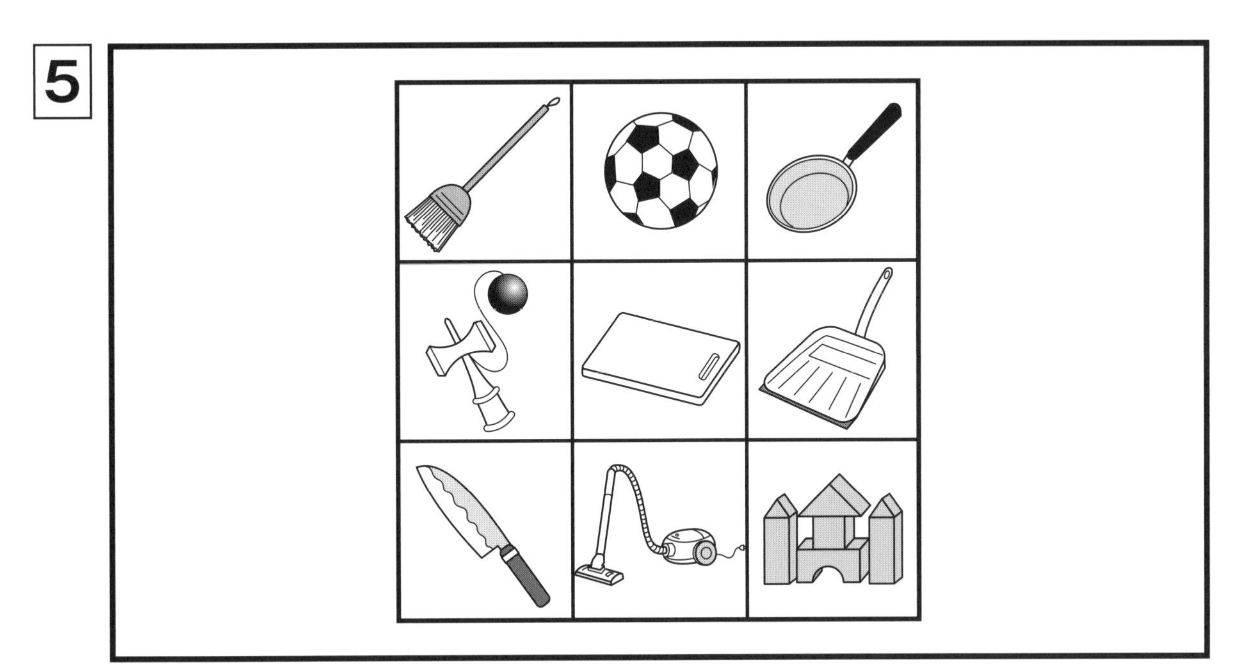

6

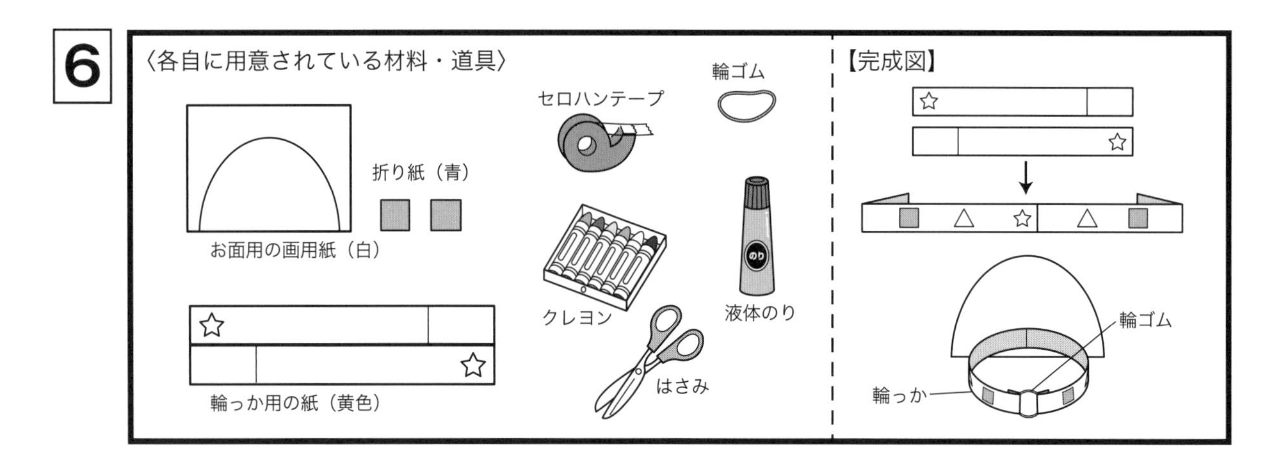
〈各自に用意されている材料・道具〉
お面用の画用紙（白）
折り紙（青）
セロハンテープ
輪ゴム
クレヨン
液体のり
のり
輪っか用の紙（黄色）
はさみ
【完成図】
輪ゴム
輪っか

7

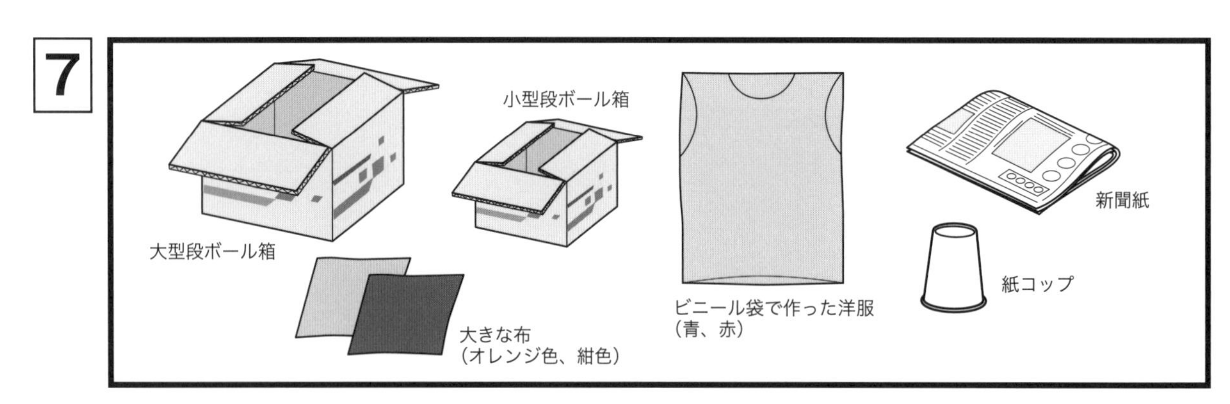
大型段ボール箱
小型段ボール箱
ビニール袋で作った洋服
（青、赤）
新聞紙
紙コップ
大きな布
（オレンジ色、紺色）

8

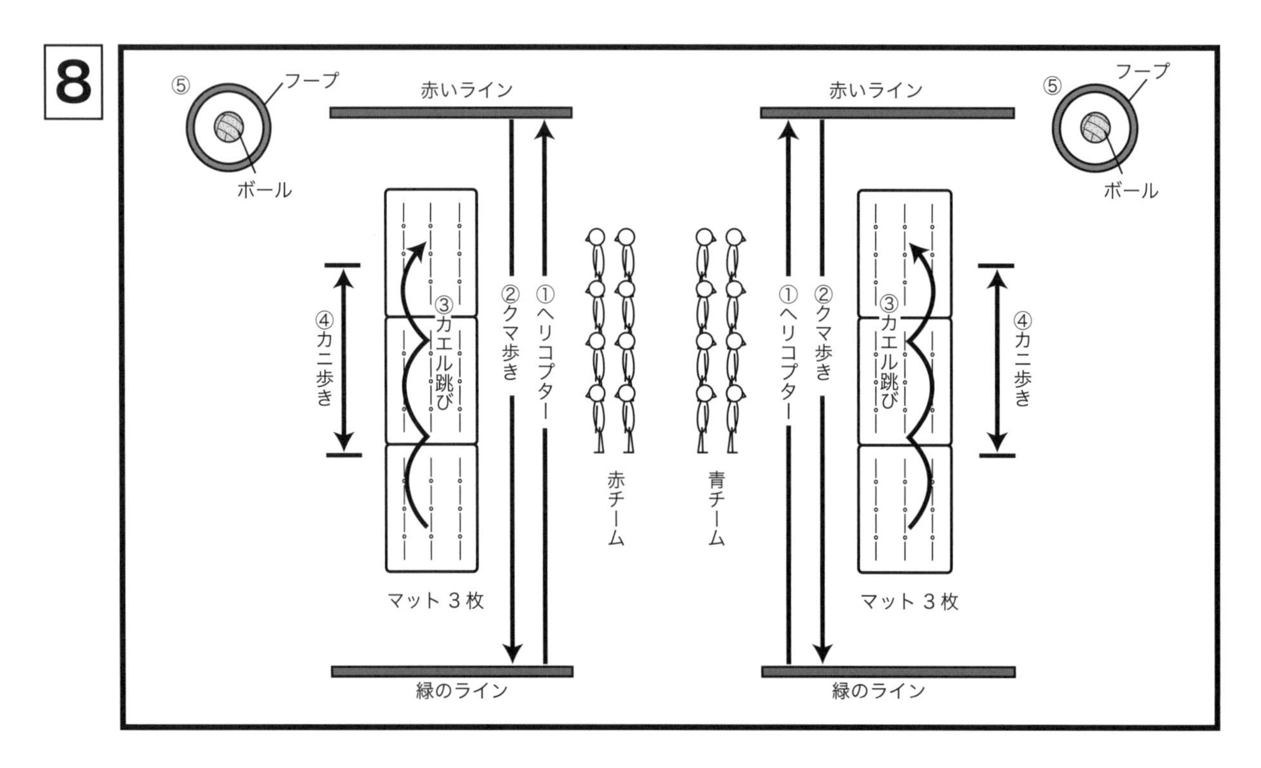
⑤
フープ
ボール
赤いライン
①ヘリコプター
②クマ歩き
③カエル跳び
④カニ歩き
マット３枚
赤チーム
青チーム
緑のライン

section
2019　桐朋小学校入試問題

選抜方法

第一次　考査は1日で、個別テストを行い、239名を選出する。所要時間は30分～1時間。

第二次　第一次合格者を対象に受験番号順に8～10人単位で集団テスト、運動テストを行う。所要時間は約1時間30分。

考査：第一次

個別テスト

机が横に並んでいて、必要な教材がそれぞれ置いてある。机を移動しながら、テスターと1対1で立ったまま課題に取り組む。

1　数　量

机の上に立方体の積み木7個で作ったお手本が置いてある。

・お手本はいくつの積み木でできていますか。答えましょう。

机の上の2枚のお皿に、おせんべい6枚、アメ8個がそれぞれのせてある。

・おせんべいとアメでは、どちらがいくつ多いですか。答えましょう。

2　お話作り

絵カードAを見せられる。

・これはどんな絵ですか。何をしているところですか。あなたは泥んこ遊びは好きですか。

絵カードBを見せられる。

・2つの絵を使ってお話を作ってください。

3　構　成

机の上に台紙、厚紙でできたカード（楕円形、長方形、正方形、三角形、平行四辺形）が置いてある。

・台紙の黒い形にぴったり合うように、カードを載せましょう。カードは重ねてもいいですよ。

4 推理・思考（水の量）

水が入った３つのコップが描かれた台紙が机の上に置いてある。テスターが２目盛り分の水が入っているコップと石を見せる。

・このコップに石を１つ入れたら、お水の高さはどのコップのようになると思いますか。指でさしてください。

5 常識（仲間探し）

９枚の絵カードを見せられる。

・それぞれの生き物の名前を教えてください。

・この生き物を３つの仲間に分けましょう。どうしてそのように分けたのか、理由も教えてください。

6 観察力

９つのマス目に星、チョウチョ、花、テントウムシが描いてあるお手本、９つのマス目のお手本と同じ場所にテントウムシが描いてある台紙、絵カード（星、チョウチョ、花）が、机の上に用意されている。

・お手本と同じになるように、台紙に絵カードを置きましょう。

7 指示の理解・位置

机の上に、汽車が描かれた台紙、絵カード（ウサギ、リス）が用意されている。

・後ろから３番目の窓にウサギさんの絵カードを載せてください。

・後ろから５番目の窓にリスさんの絵カードを載せてください。

8 指示行動

少し離れた机に模擬の食べ物、大小のお皿が用意されている。

・レストランの人になって、甘いもの（好きなもの、先生にあげたいもの、おいしそうなものなど、子どもによって指示が異なる）を２つお皿にのせて持ってきてください。

言　語

・お名前と年齢を教えてください。

・幼稚園（保育園）の名前を教えてください。

・お友達の名前を教えてください。

・お友達と何をして遊ぶのが好きですか。

・お友達のよいところを教えてください。

・今日は誰と来ましたか。

・何に乗って来ましたか。
・先生が言う言葉に続けて、しりとりでつながるように言葉を言いましょう。「ン」がついてもよいですよ。

考査：第二次

集団テスト

２つのグループに分かれ、一方は赤、もう一方は青のランニング式ゼッケンをつけて行う。

9 制作（かばん作り）

かばん用の画用紙（黄色）、ひも、クレヨン、液体のり、セロハンテープ、はさみが用意されている。テスターがお手本を見せながら説明し指示を出す。
・黄色い画用紙を黒い線で切り、大きい方を点線の通りに折りましょう。
・灰色のところにのりをつけて貼り合わせましょう。
・黄色い画用紙の細長く切り取った方を持ち手の形に折り、かばんの裏側にセロハンテープで貼りつけましょう。
・かばんの横の穴にひもを通し、かた結びをしましょう。
・かばんのふたに青いクレヨンで三角を２つかきましょう。

10 共同制作（お店屋さんの品物作り）

室内の後方に、いろいろな色の折り紙、お花紙、色画用紙、紙皿、紙コップ、モール、液体のり、セロハンテープ、はさみが用意されている。
・グループで相談して何のお店屋さんになるかを決め、そのお店で売っている品物をそれぞれ自由に作りましょう。いくつ作ってもよいですよ。

行動観察（お買い物ごっこ）

お金のカード（水色の長方形）が用意されている。制作で作った品物を机に並べる。２グループでそれぞれお店屋さんとお客さんに分かれてお買い物ごっこを行い、途中で役割を交代する。
・お客さんはお金のカード３枚をさっき作ったかばんに入れて、お買い物に行きましょう。１枚のお金で１つの品物が買えます。

11 行動観察（風船運びリレー）

２グループで先攻、後攻に分かれて行う。スタートラインに紙風船がたくさん入った箱、楕円形の紙皿、うちわが用意されている。床の上に赤いフープ２個がガムテープで固定され、青いフープが３個用意されている。先攻チームは紙皿に紙風船を載せ、ゴールの箱まで運ぶ。紙皿は１人で持っても２人で持っても構わない。後攻チームは青いフープ３個を相談して好きな場所に置き、青と赤の５つのフープの中に、それぞれうちわを持って入る。１つのフープに２人以上入ってもよい。先攻チームが紙風船を運ぶ間、後攻チームはフープの中からうちわであおいで風を送り、紙風船を落としてじゃまをする。先攻チームは紙風船が落ちたらスタートに戻ってやり直す。紙風船を段ボール箱に入れればゴールインとなり、空の紙皿を持って帰り道のライン上を戻り、次のメンバーに渡す。笛の合図で先攻、後攻を交代する。

運動テスト

12 連続運動

緑のラインからスタートして、ヘリコプター（進行方向に対し横向きになって両手両足を開いて立ち、180度ずつパタンパタンと向きを変えながら進む）で赤いラインまで進む→クモ歩きで緑のラインまで戻る→カエル跳び（両手を前につき、両足を蹴り上げ拍手のように足の裏を打ち合わせる）でマットの上を進む→ボールを両手で床にバウンドさせ受け止める。３回くり返す→赤いラインから自分の前方にフープを投げてその中にジャンプして入り、体の下から上にフープを通して抜く。これをくり返して緑のラインに着くまで進む→スキップで赤いラインに戻る→ケンパー・ケンパー・ケンケンパーで進み、緑のラインまで来たら反対に向きを変えて赤いラインまで戻る。

面接資料／アンケート

受考票と一緒に返送されてくる子育てに関するアンケート（Ａ４判）に記入し、一次考査当日に提出する。以下のような項目がある。

- お子さんには、「身体と身体が触れ合って楽しいと感じる経験」がありますか。それはどのようなときですか。具体的に教えてください。
- 他者に対する強い信頼感を育むために、上記のほかにはどのようなことが幼少期に大切だと思いますか。

1

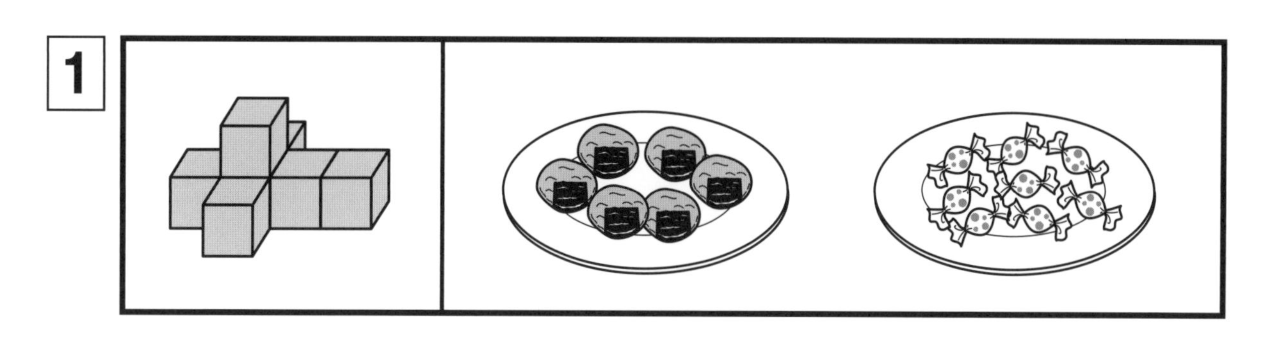

2-A

B

3

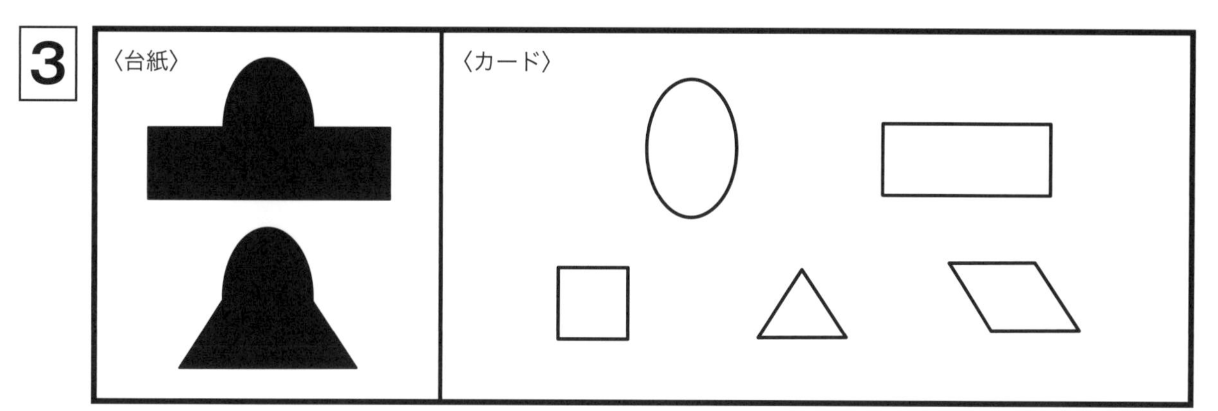

4

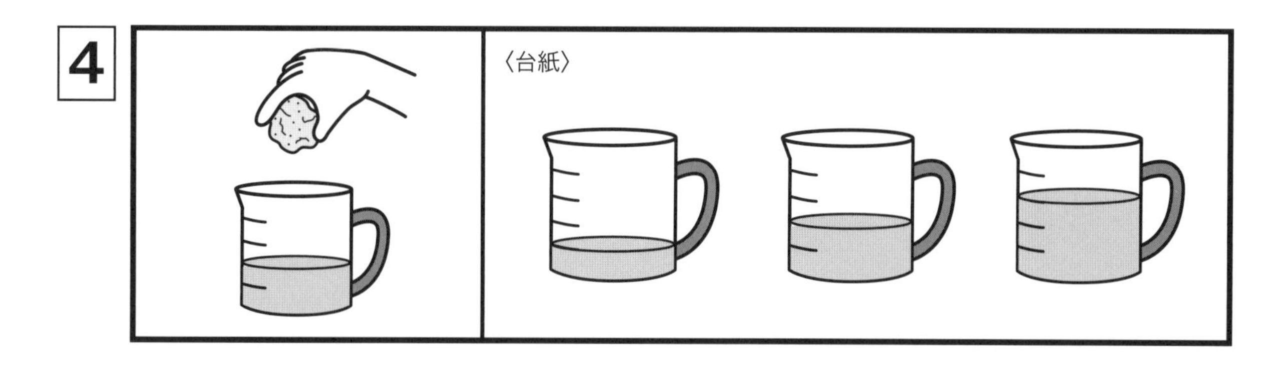

5

6

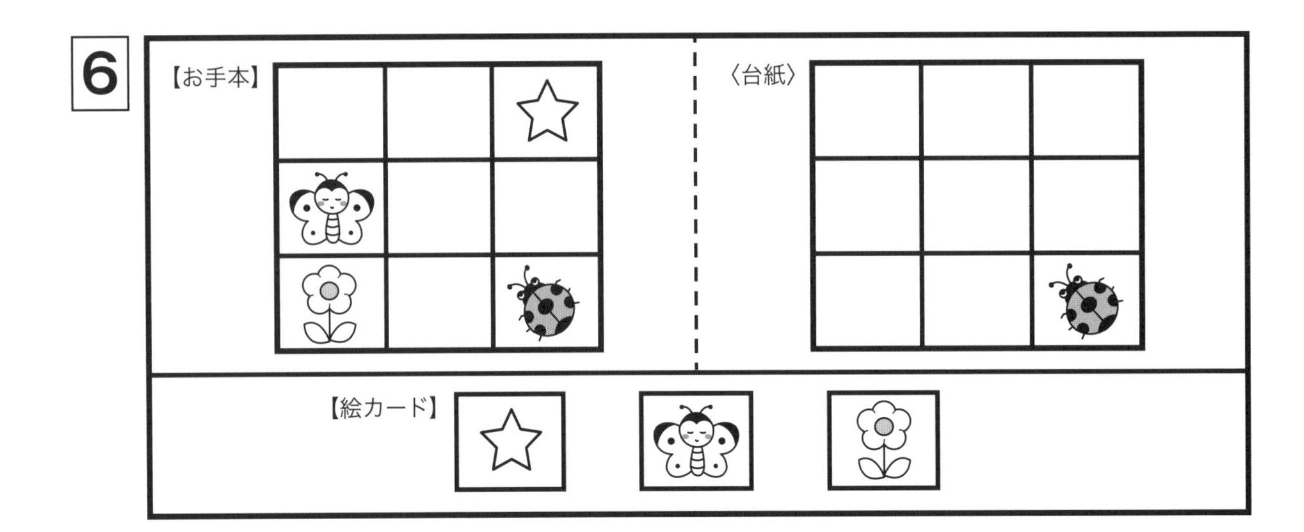

7

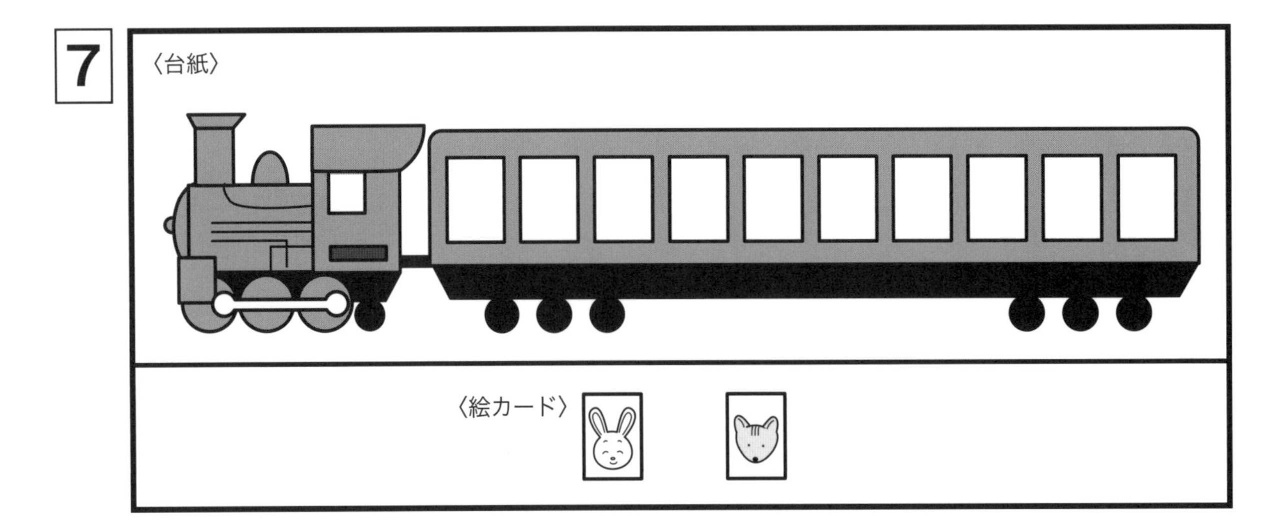

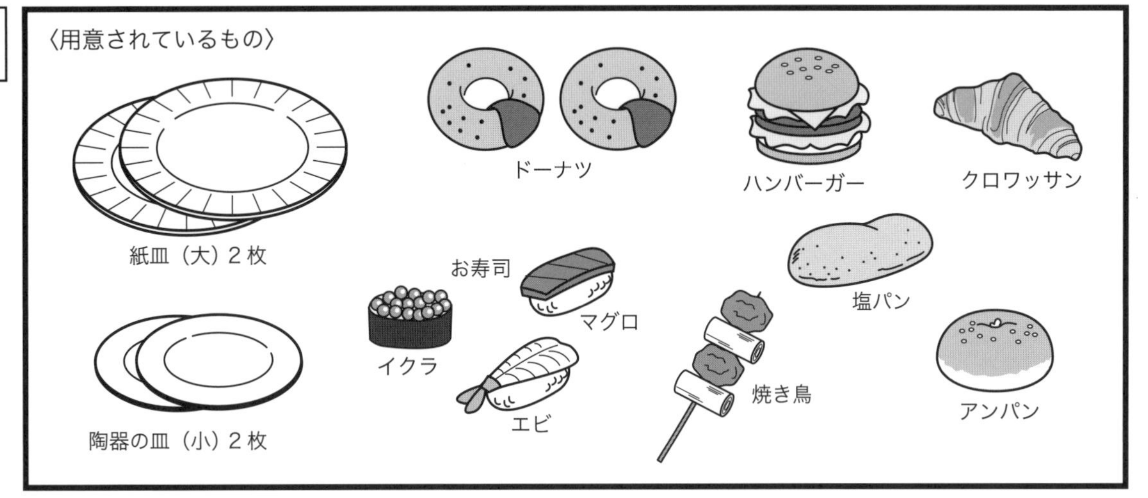
〈用意されているもの〉
ドーナツ
ハンバーガー
クロワッサン
紙皿（大）２枚
お寿司
マグロ
塩パン
イクラ
焼き鳥
アンパン
エビ
陶器の皿（小）２枚

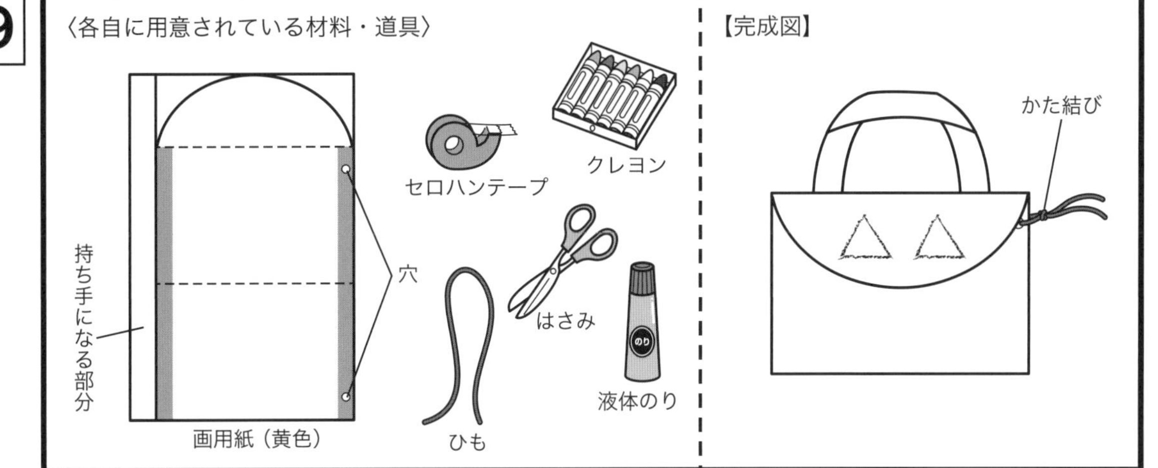
〈各自に用意されている材料・道具〉
【完成図】
クレヨン
かた結び
セロハンテープ
穴
持ち手になる部分
はさみ
液体のり
画用紙（黄色）
ひも

10

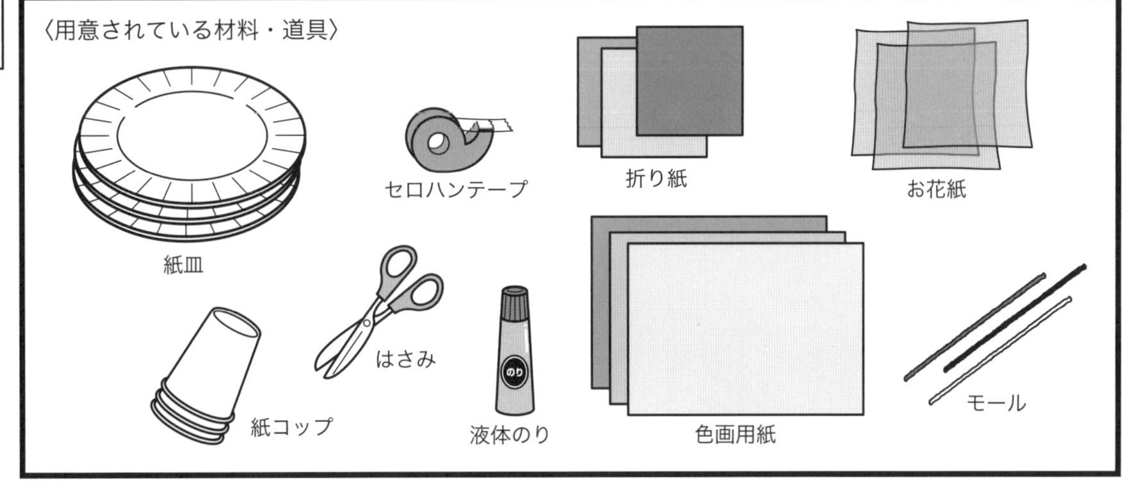
〈用意されている材料・道具〉
セロハンテープ
折り紙
お花紙
紙皿
はさみ
紙コップ
液体のり
色画用紙
モール

11

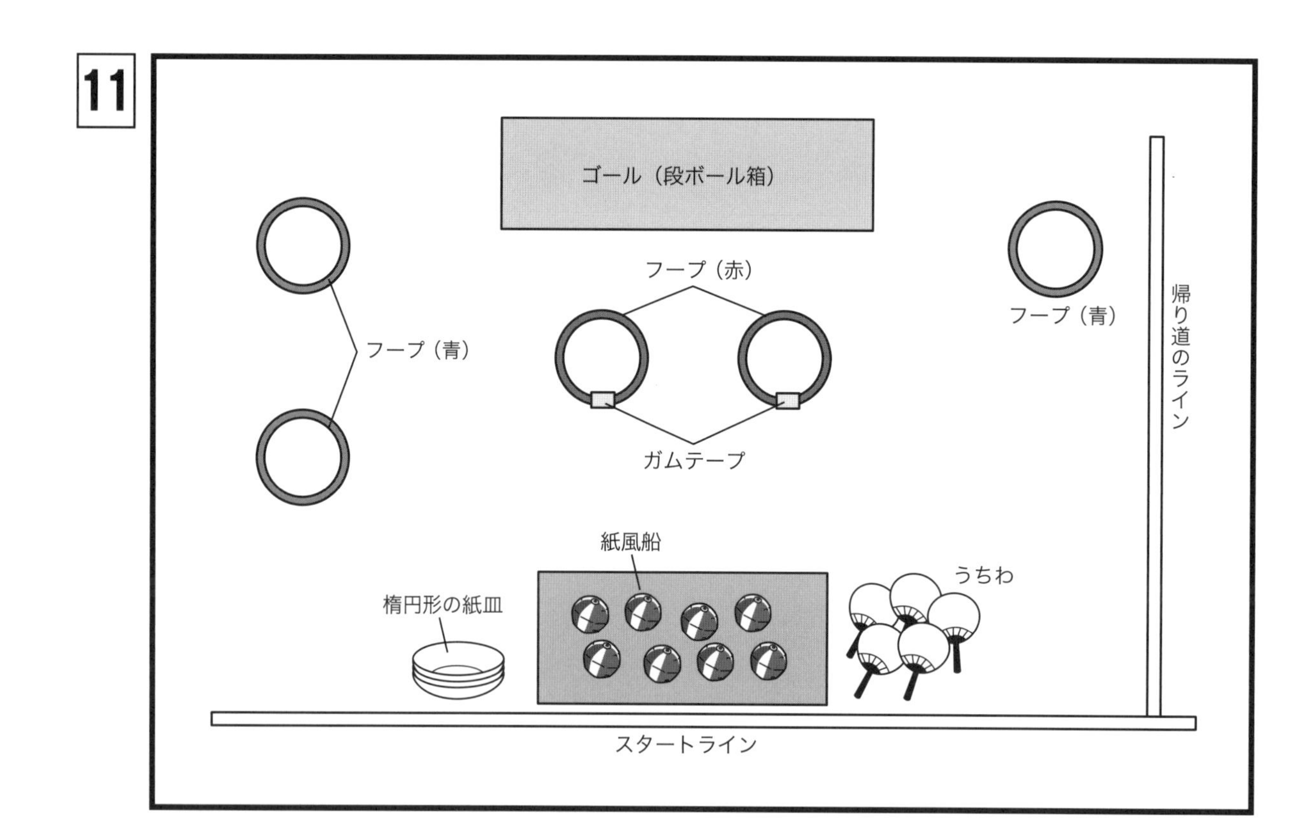
ゴール（段ボール箱）
フープ（赤）
フープ（青）
フープ（青）
帰り道のライン
ガムテープ
紙風船
うちわ
楕円形の紙皿
スタートライン

12

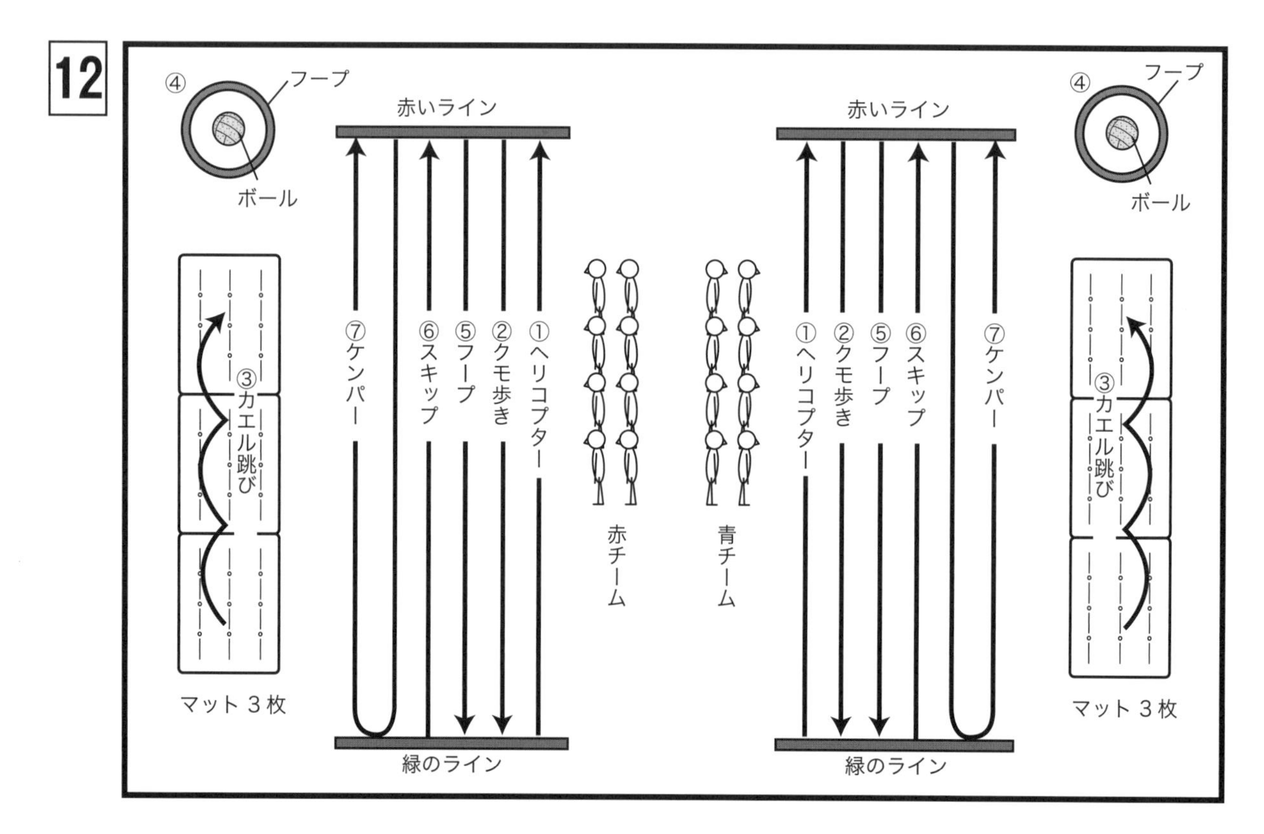
④
フープ
ボール
赤いライン
③カエル跳び
⑦ケンパー
⑥スキップ
⑤フープ
②クモ歩き
①ヘリコプター
赤チーム
青チーム
マット 3 枚
緑のライン

section
2018 桐朋小学校入試問題

選抜方法

第一次 考査は１日で、個別テストを行い、194名を選出する。所要時間は30分～１時間。

第二次 第一次合格者を対象に受験番号順に８～10人単位で集団テスト、運動テストを行う。所要時間は約１時間30分。

考査：第一次

個別テスト

机が横に並んでいて、必要な教材がそれぞれ置いてある。机を移動しながら、テスターと１対１で立ったまま課題に取り組む。

1 数　量

机の上に13個（赤７個、黄色６個）のおはじきが入った紙皿があり、その横に３枚の紙皿が置いてある。

・３枚のお皿に、おはじきを同じ数になるように分けましょう。

2 お話作り

Ａの２枚とＢの２枚の絵カードをそれぞれ見ながら、テスターの質問に答える。

・どのような様子だと思いますか。また、絵の中の子どもたちはどのような会話をしていると思いますか。お話ししましょう。

3 構　成

７cm程度の長さの棒12本と、２つのお手本が置いてある。

・お手本と同じになるように棒を置きましょう。

4 推理・思考（比較）

机の上に、長さが違う４本のリボンが置いてある。

・一番短いリボンはどれですか。指でさしてください。

5 常識（仲間分け）

・それぞれの段で仲間ではないものはどれですか。指でさしてください。どうしてそう思うのか、理由も教えてください。

6 構成力（欠所補完）

・それぞれの段の左端の形に右のどれを合わせると、きちんとした形になりますか。指でさしてください。

言　語

・お名前と年齢を教えてください。
・幼稚園（保育園）の名前を教えてください。
・お友達の名前を教えてください。
・お友達と何をして遊ぶのが好きですか。
・お友達のよいところを教えてください。
・今日は誰と来ましたか。
・先生が言う言葉に続けて、しりとりでつながるように言葉を言いましょう。「ン」がついてもよいですよ。

考査：第二次

集団テスト　2つのグループに分かれ、一方は赤、もう一方は青のランニング式ゼッケンをつけて行う。

7 制作（お弁当作り）

お弁当箱用のふたのついた箱（白）、おにぎり用の紙（白、黒）、トマト用の画用紙（赤）、はし用の画用紙（黄色）、地図用の正方形の紙（白）、クレヨン、液体のり、セロハンテープ、はさみが各自に用意されている。後ろのテーブルに、画用紙（白、緑、オレンジ色、茶色など）、お手本のお弁当が置いてある。テスターが実際にやって見せながら作り方を説明し、指示を出す。

・おにぎり用の白い紙を丸めて、細長い黒い紙をその周りに巻きましょう。巻き終わりはセロハンテープで留めてください。次にトマト用の赤い紙を真ん中の点線で折って重ねたまま線の通りに切り、おはし用の黄色い紙は真ん中の線で切りましょう。おにぎり、トマト、おはしができたら、そのほかにお弁当の中に入れたいものを後ろにある好きな材料を使って自由に作ってください。先生の作ったお弁当を見てもよいですよ。できたものをお弁当箱に入れ、お弁当箱のふたに好きな色のクレヨンで三角を2つかきましょう。
・地図用の白い紙を4つ折りにしてください。この地図を持ってお山に出かけましょう。

生活習慣

バンダナが1人に1枚ずつ用意されている。

・バンダナを三角に折って後ろから首にかけ、前で１回かた結びをして首に巻きましょう。

共同制作（お山作り）

段ボール箱に緑の模造紙をかぶせて作られた山が用意されている。後ろのテーブルには紙テープ（青、水色）、紙コップ、トイレットペーパーの芯、いろいろな色の折り紙、クレヨン、のり、セロハンテープ、はさみなどが用意されている。グループで協力して制作する。

・グループのお友達と相談して、森や山の中にすんでいる動物や植物を作りましょう。お家や川や木などでもよいですよ。

8 身体表現（どんぐりマンのダンス）

音楽に合わせて、テスターのまねをしてどんぐりマンのダンスを踊る（8－A）。その後ドングリの絵カードを見せられ、描いてある絵（どんぐり鉄砲、どんぐりチョップ、どんぐりゴマ、どんぐりスイミング）に合う振りつけを自分で考える（8－B）。グループで相談して振りつけを決め、最後にみんなの前で発表する。

集団ゲーム

テスターやグループの代表の子どもが言うことに当てはまる人は、素早く集まる。「靴下が同じ色の人、集まれ」「チョコレートが好きな人、集まれ」「ピーマンが嫌いな人、集まれ」など。

運動テスト

9 連続運動

テスターの手拍子に合わせてケンパー・ケンパー・ケンケンパーをする→ジグザグの白い線の上を線からはみ出さないように歩く→お手玉を３個取ってリンゴの木に投げて当てる→線の手前に立ち、向こう側の線を越えるように両足跳びをする→床の手のマークの上に両手をつきワニ歩きで進む。

面接資料／アンケート

受考票と一緒に返送されてくる子育てに関するアンケート（Ａ４判）に記入し、一次考査当日に提出する。以下のような項目がある。

・お子さんについて「面白いなあ」と思うこと（エピソードとともに）。
・子育ての中で迷ったり不安になったりした経験。

1

黄色

赤

—

A

3

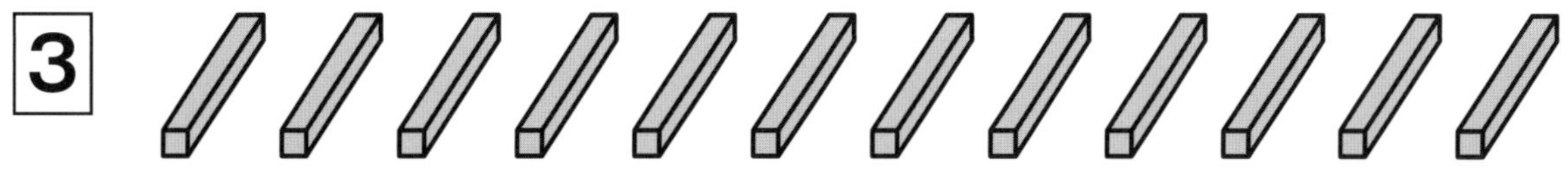

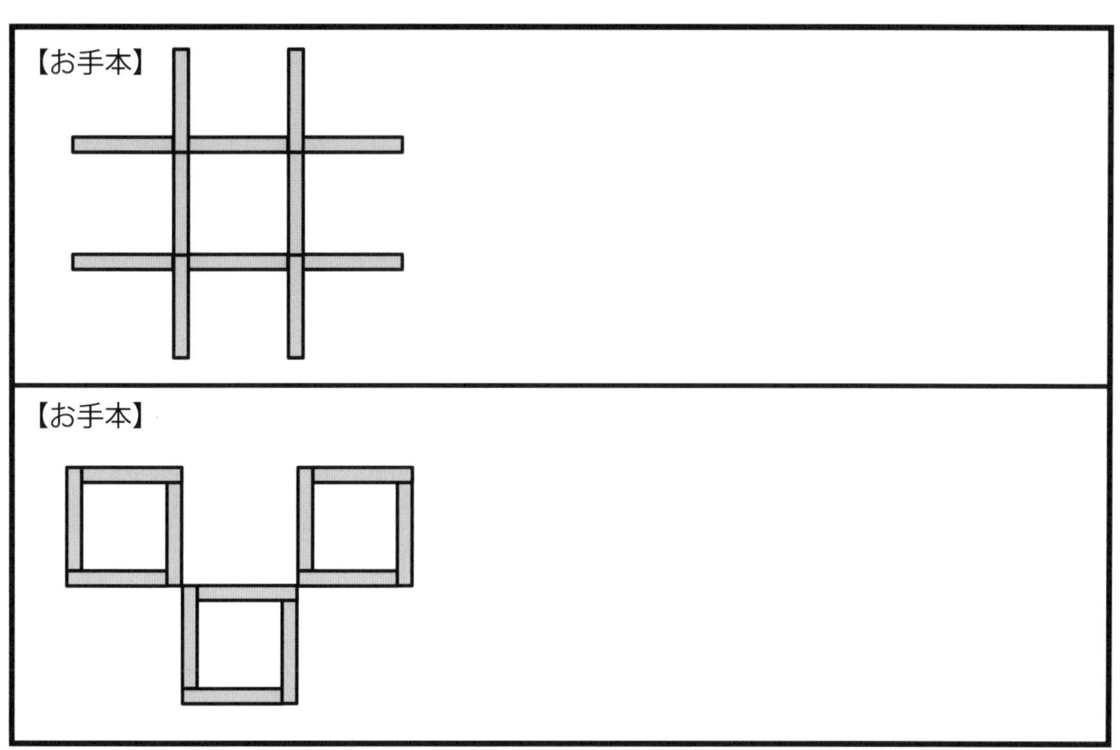

4

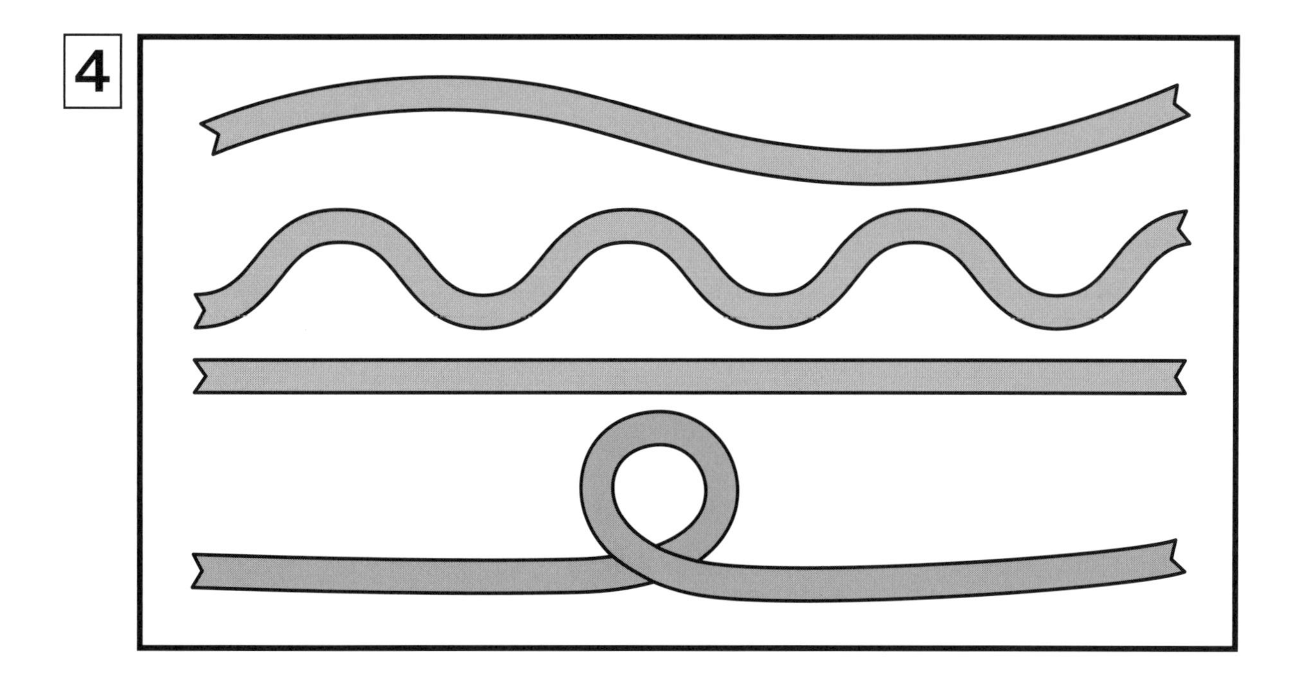

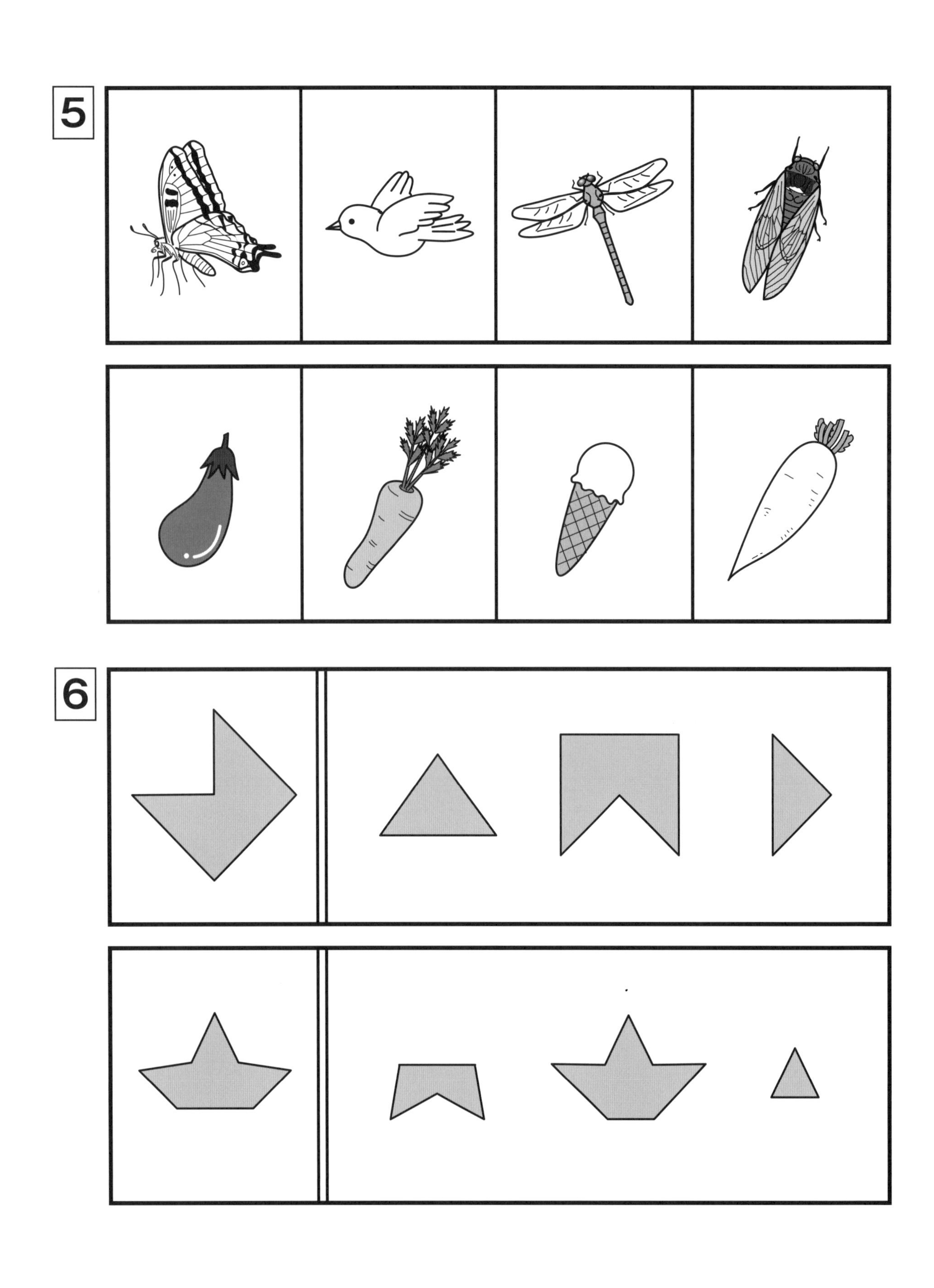

5
6

7

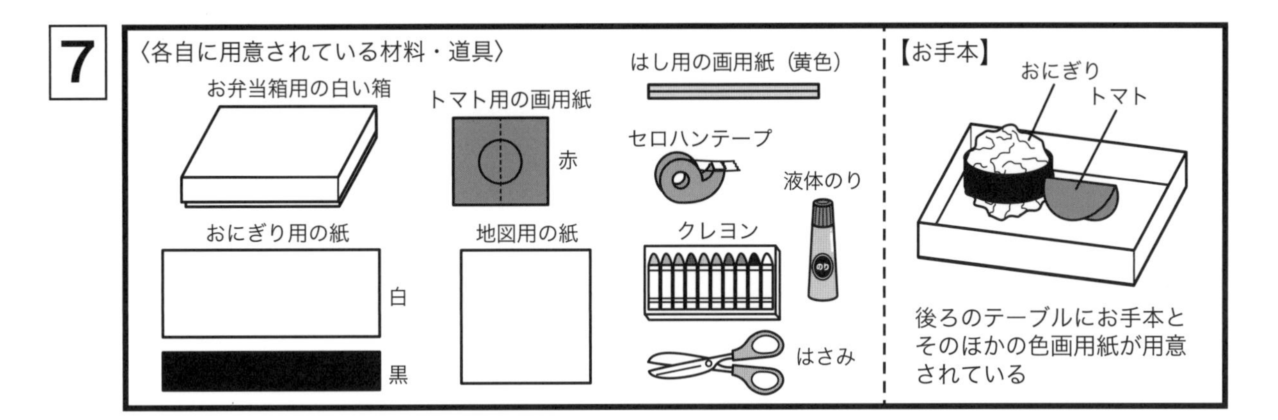
〈各自に用意されている材料・道具〉
お弁当箱用の白い箱
トマト用の画用紙
赤
はし用の画用紙（黄色）
セロハンテープ
液体のり
おにぎり用の紙
白
黒
地図用の紙
クレヨン
はさみ
【お手本】
おにぎり
トマト
後ろのテーブルにお手本と
そのほかの色画用紙が用意
されている

8-A

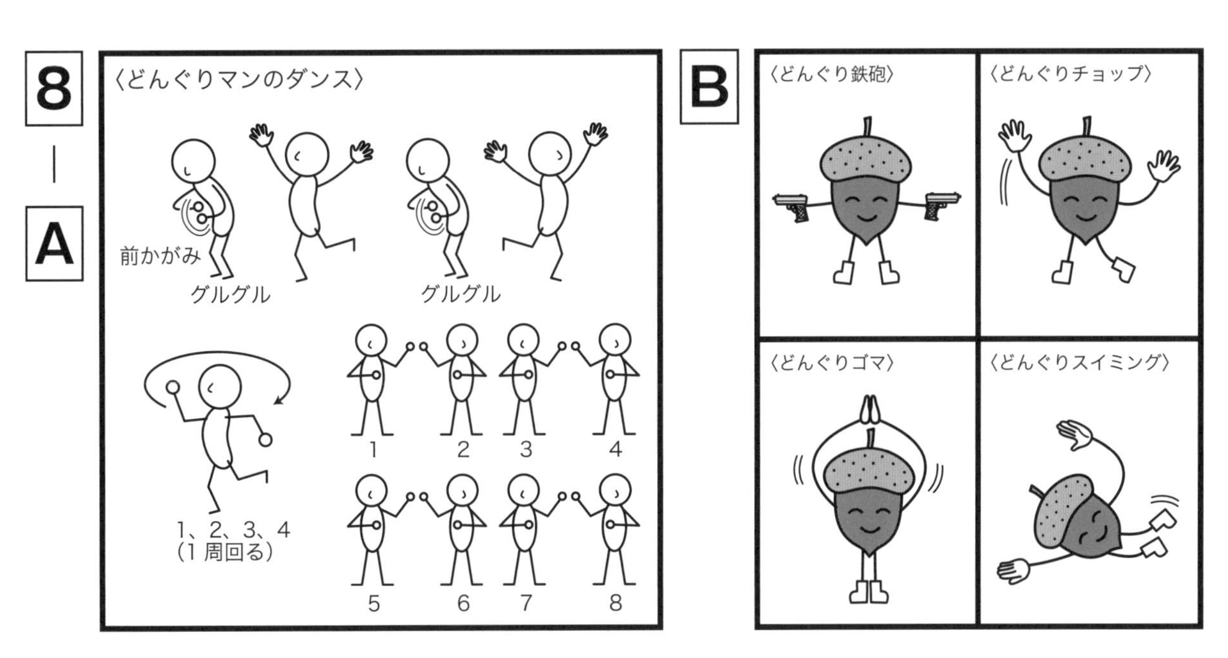
〈どんぐりマンのダンス〉
前かがみ
グルグル
グルグル
1、2、3、4
（1 周回る）
1
2
3
4
5
6
7
8
B
〈どんぐり鉄砲〉
〈どんぐりチョップ〉
〈どんぐりゴマ〉
〈どんぐりスイミング〉

9

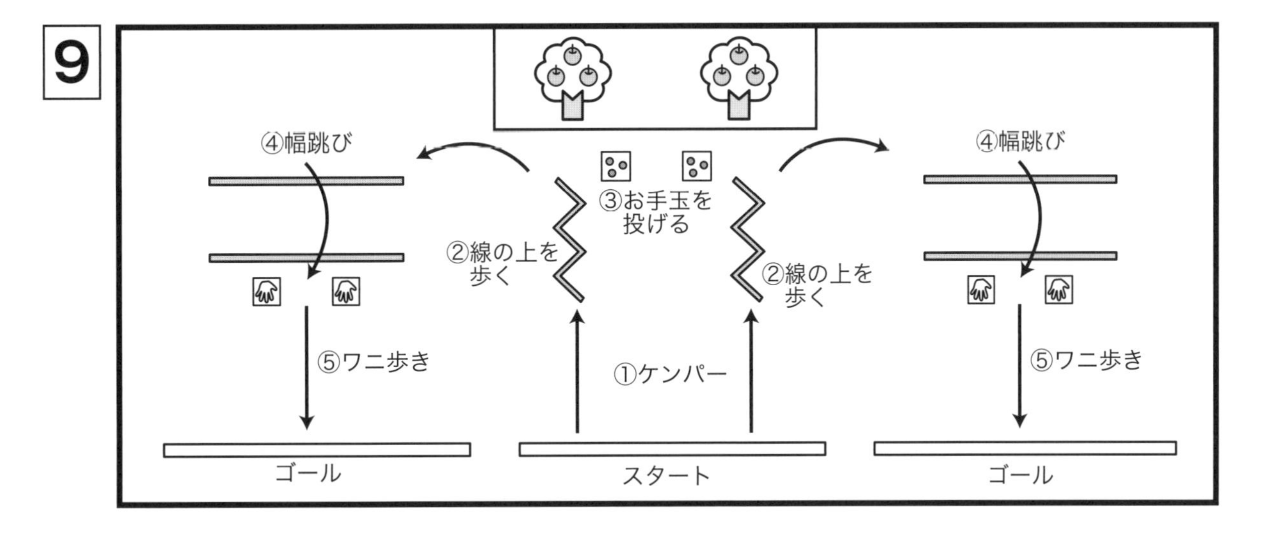
④幅跳び
③お手玉を
投げる
②線の上を
歩く
④幅跳び
②線の上を
歩く
⑤ワニ歩き
①ケンパー
⑤ワニ歩き
ゴール
スタート
ゴール

section
2017 桐朋小学校入試問題

選抜方法

第一次 考査は１日で、個別テストを行い、192名を選出する。所要時間は30分～１時間。

第二次 第一次合格者を対象に受験番号順に８～10人単位で集団テスト、運動テストを行う。所要時間は約１時間30分。

考査：第一次

個別テスト 机が横に並んでいて、必要な教材がそれぞれ置いてある。机を移動しながら、テスターと１対１で立ったまま課題に取り組む。

1 数 量

机の上に鉛筆７本と消しゴム８個がバラバラに置いてある。
・鉛筆と消しゴムではどちらが多いですか。答えましょう。

机の上に鉛筆16本と筆箱４個がバラバラに置いてある。
・４個の筆箱に、鉛筆を同じ数になるように分けて入れましょう。

机の上に立方体の積み木を積んだものが２種類置いてある。
・積み木をたくさん使っているのはどちらですか。指でさしてください。

2 お話作り

６枚の絵カードのうち、２枚をテスターが選んで見せる（飛行機とソフトクリーム、カラスとおまわりさん、こびとと手紙など）。
・この２枚の絵カードを使ってお話を作りましょう。

3 常識（仲間探し）

９枚の絵カードを見せられる。
・これは何ですか。お話ししてください（１つ１つの名称を答える）。
・絵カードを３つの仲間に分けましょう。どうしてそう分けたのか理由も教えてください。

4 常 識

いろいろな生き物が描かれた8枚の絵カードを見せられる。
・クワガタムシの足は何本ですか。
・この中で足の数が一番多いのはどの生き物ですか。指でさしてください。
・ゾウと足の数が同じなのはどの生き物ですか。指でさしてください。

5 位置・記憶

9つのマス目のいくつかの中に丸、三角、四角がかいてあるお手本、9つのマス目のみがかかれた台紙、丸、三角、四角の黒い厚紙2枚ずつが用意されている。お手本を20秒見た後、隠される。
・今見たお手本と同じになるように、台紙のマス目の中に丸、三角、四角の黒い厚紙を置きましょう。

6 推理・思考(比較)

長さの違う渦巻き型の蚊取り線香が3つ置いてある。
・これは何ですか。
・この3つに同時に火をつけたとき、一番早く燃え終わるものはどれですか。指でさしてください。

7 推理・思考(対称図形)

テスターが折り紙を縦に二つ折りにして線の通りに切って開き、おにぎりを作って見せる。
・(折り紙をチョウチョの形に切り抜いたお手本を見せて)このような形が作れるのはどの折り紙ですか。指でさしてください。
・(線がかかれている四つ折りの折り紙を見せて)この折り紙を線の通りに切って開くとどのようになりますか。指でさしてください。

言　語

・お名前と年齢を教えてください。
・幼稚園(保育園)の名前を教えてください。
・お友達の名前を教えてください。
・お友達と何をして遊ぶのが好きですか。
・朝ごはん(お昼ごはん)は何を食べましたか。
・どんな本が好きですか。

考査:第二次

集団テスト

2つのグループに分かれ、一方は赤、もう一方は青のランニング式ゼッケンをつけて立って行う。

8 制作（旗作り）

旗用の台紙（白）、割りばし、クレヨン12色、セロハンテープが用意されている。テスターがお手本を見せながら説明し指示を出す。

・台紙のお手本の三角と同じ場所に、自分のゼッケンと同じ色のクレヨンで△をかきましょう。かいたら、空いている場所には好きな絵を描いてください。描き終わったら台紙の裏にセロハンテープを2ヵ所貼って割りばしを留め、旗にしましょう。

9 制作（ピザ作り）

ピザ用の台紙（黄色）、直径3cmの丸シール（白）1枚、直径1.5cmの丸シール（赤）2枚、液体のり、はさみが用意されている。

・ピザ用の台紙を黒い線に沿って切り、点線を山折りにして裏側の片面にのりをつけ貼り合わせましょう。大きな丸い枠には白いシールを貼り、小さい枠には2ヵ所とも赤いシールを貼ってピザにしてください。

生活習慣（ピクニックごっこ）

ナップサック、お弁当箱、バンダナ、水筒が用意されている。

・制作で作ったピザをお弁当箱の中に入れて、お弁当箱をバンダナで包みナップサックの中に入れましょう。水筒も入れたらナップサックを背負って出発です（行動観察・運動テストの部屋へ移動する）。

10 行動観察（お片づけリレー）

2グループで、リレー形式のゲームを行う。

・スタートの机の上にぬいぐるみ、ペットボトル、大小のボール、トイレットペーパー、発泡スチロールの棒などが用意されている。運ぶ道具として棒とタオルが置いてある。グループごとに2人1組になって並び、机の上から好きなものを1つ選んで2人で協力して離れた場所にあるカゴまで運んで入れる。運び方は、テスターがそれぞれ違う運び方を描いた4枚の絵カードから1枚を選んで指示する。入れ終わったら戻って次の2人組と交代し、列の後ろにつく。先に机の上のものをすべて運び終わったグループの勝ち。

運動テスト

11 連続運動

四角い印に合わせてケンパー・ケンケンケンパーをする→ハードル（高さ約30cm）を跳び越える→ゴム段（高さ約30cm）を２本連続してくぐる。

12 機敏性

テスターが２人で２本のゴムを交差させて持っている。子どもはゴムに背を向けて立ち、「上か下か真ん中か」と歌う。テスターが指示したらゴム段の方に向き直り、お約束通りに動く。

・テスターが「上」と言ったら、交差したゴムの上をまたぐ（①)。
・テスターが「下」と言ったら、交差したゴムの下をくぐる（②)。
・テスターが「真ん中」と言ったら、ゴムが交差したところの左右どちらかのゴムとゴムの間をくぐり抜ける（③)。

1

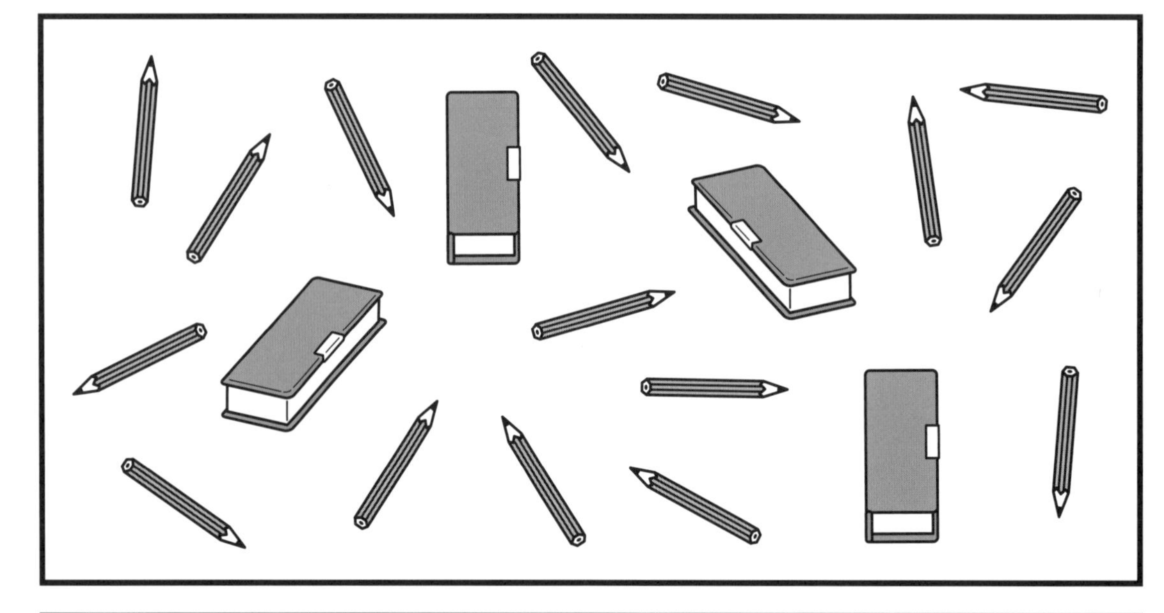

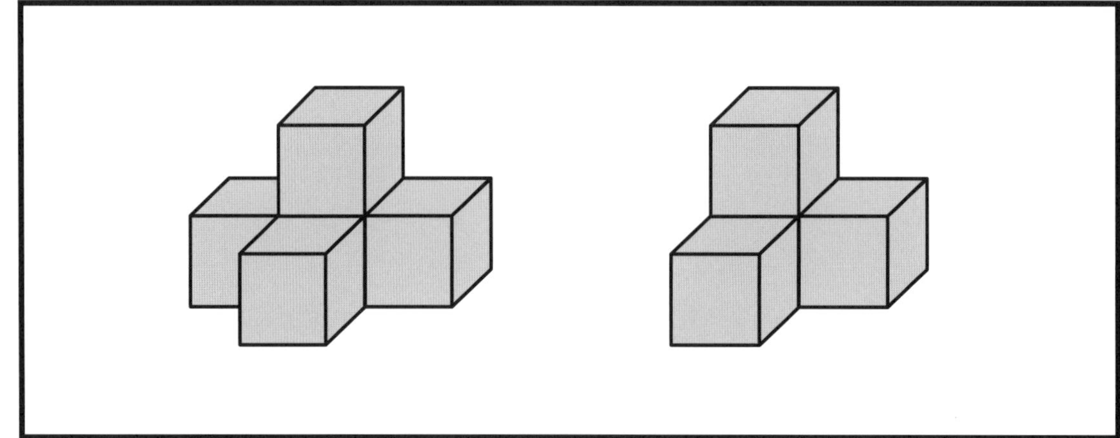

2

3

4

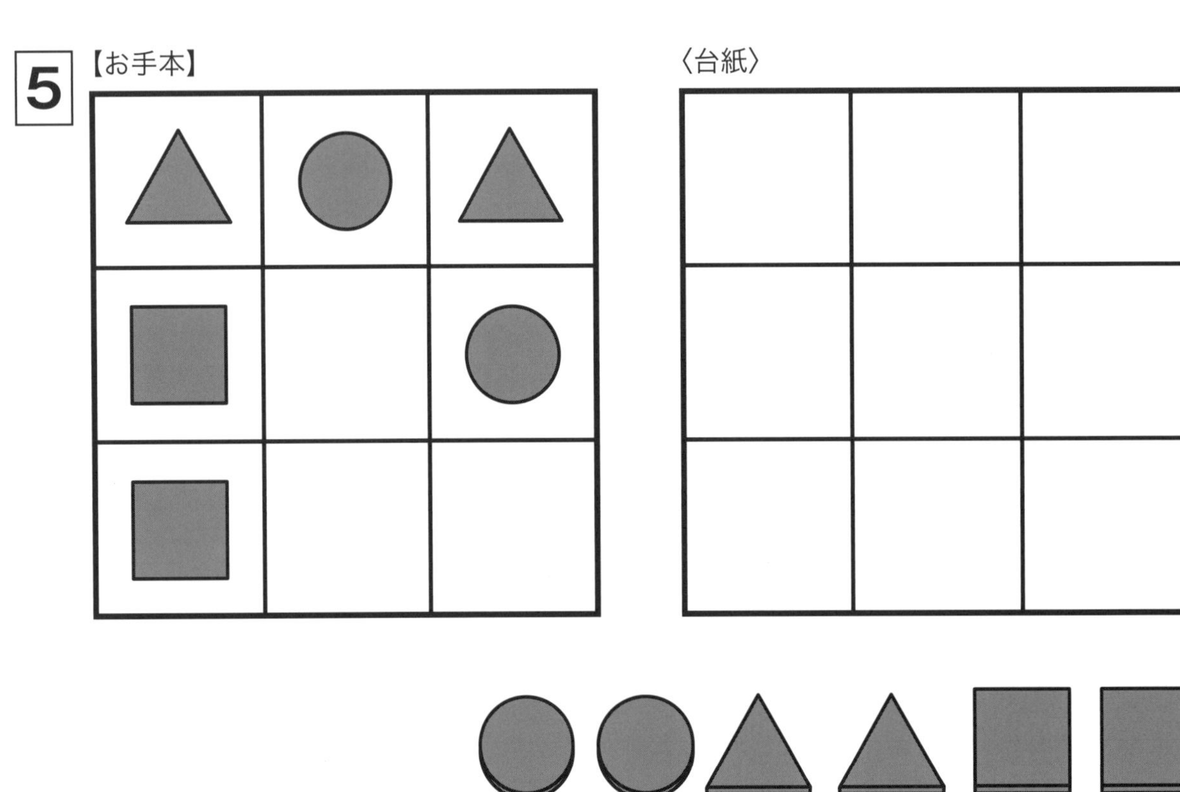
5
【お手本】
〈台紙〉

6

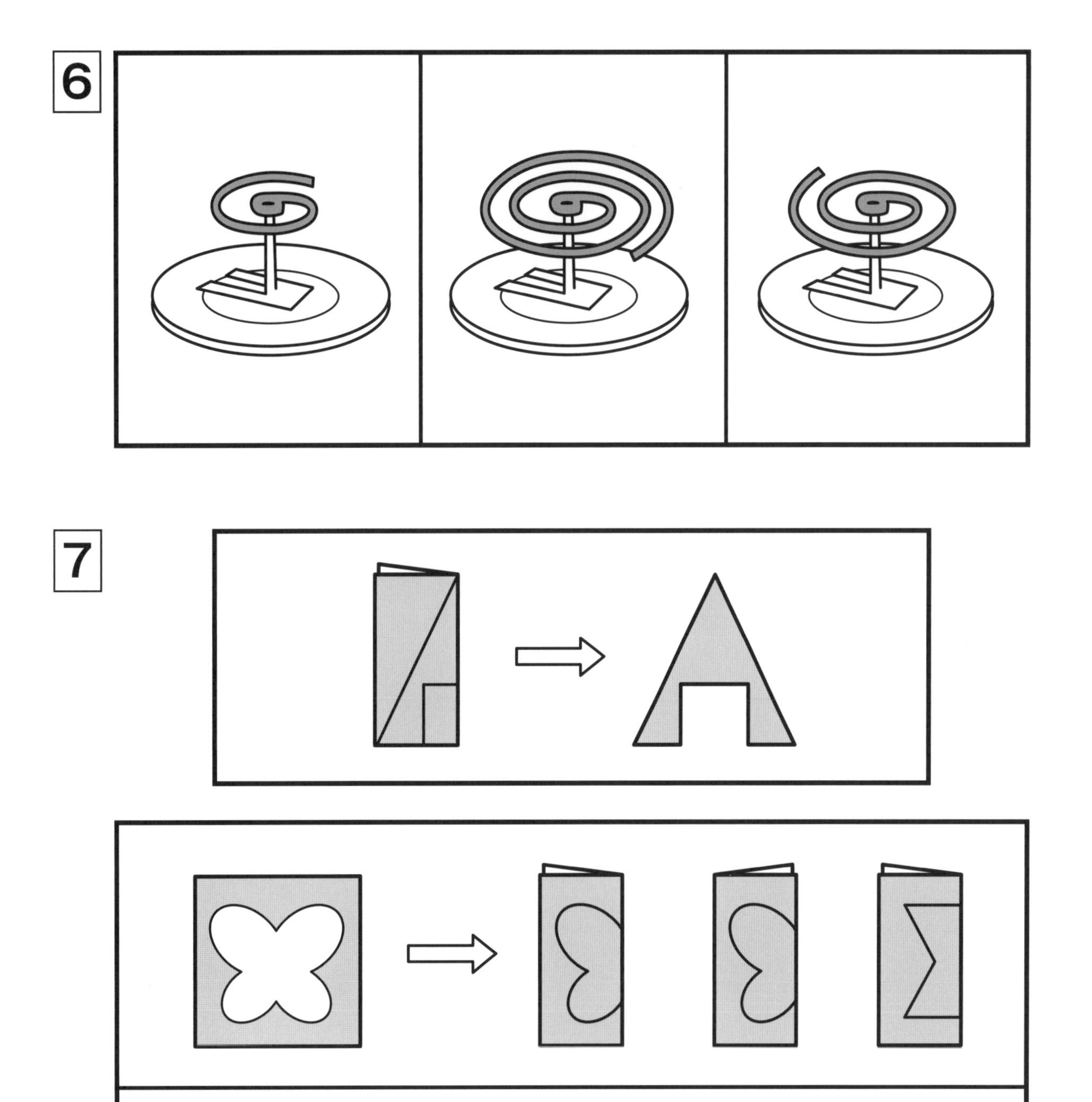

7

8

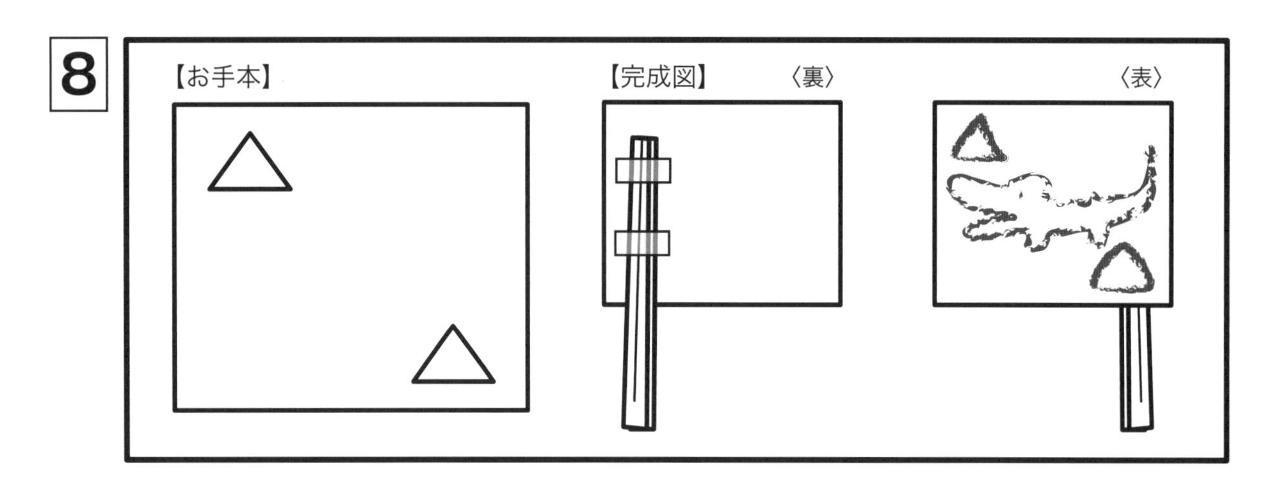

9

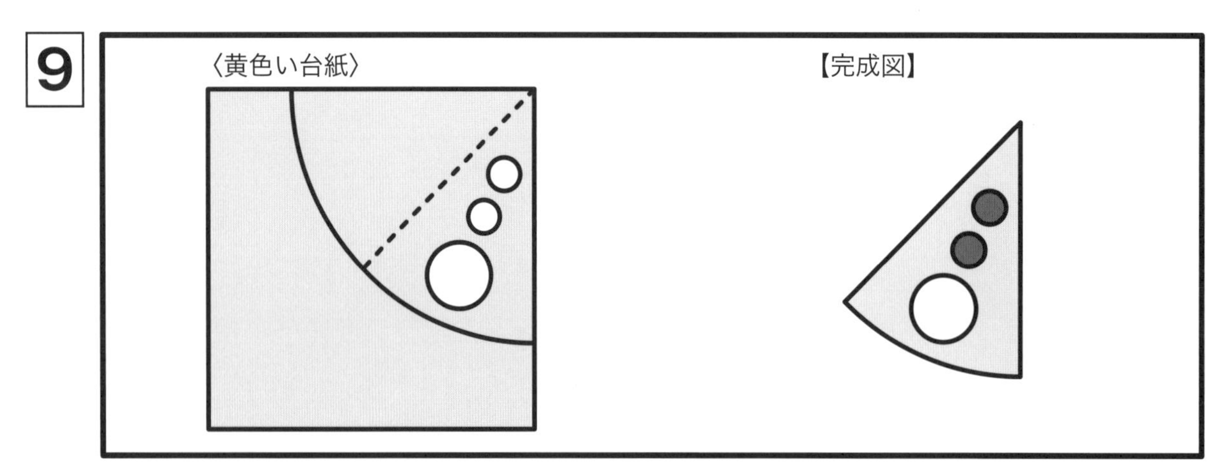

10

11

12

section
2016　桐朋小学校入試問題

選抜方法

第一次　考査は１日で、個別テストを行い、192名を選出する。所要時間は30分～１時間。

第二次　第一次合格者を対象に受験番号順に８～10人単位で集団テスト、運動テストを行う。所要時間は約１時間30分。

考査：第一次

個別テスト　机が横に並んでいて、必要な教材がそれぞれ置いてある。机を移動しながら、テスターと１対１で立ったまま課題に取り組む。

1　数　量

机の上に12個のおはじきが入った紙皿があり、その横に３枚の紙皿が置いてある。

・３枚の紙皿に、おはじきを同じ数になるように分けましょう。

2　お話作り

４枚の絵カードを見せられる。

・それぞれどのような様子だと思いますか。また、絵の中の子どもたちはどのような会話をしていると思いますか。お話ししましょう。

3　構　成

机の上に白と黒で形がかかれた２種類のカード４枚ずつと２枚のお手本が置いてある。

・カードを使ってお手本と同じ形を作りましょう。

4　構　成

机の上に積み木（立方体）５個と２つのお手本が置いてある。

・お手本と同じになるように積み木を積みましょう。

5　推理・思考（比較）

机の上に、リボンが十字にかけられチョウ結びになっている箱が置いてある。その横に、それぞれ長さの違うリボンが載った３枚の紙皿がある。

・お手本の箱にかけられたリボンは、どのお皿のリボンと同じ長さでしょうか。指でさしてください。

6 推理・思考（水の量）

量の違う色水が入った同じ大きさのペットボトルが倒して置いてある。

・水の量が一番多いのはどれですか。教えてください。ペットボトルに触って調べてもよいですよ。

7 言　語

机の上に綿、たわし、ゴムボールが置いてある。

・それぞれどのような感じですか。お話ししてください。

8 常識（仲間探し）

9枚の絵カードを渡される。

・絵カードを仲よし同士に分けましょう。どうしてそう分けたのか、理由も教えてください。

言　語

・お名前と年齢を教えてください。
・幼稚園（保育園）の名前を教えてください。
・お友達の名前を教えてください。
・お友達と何をして遊ぶのが好きですか。
・お昼ごはん（朝ごはん）は何を食べましたか。
・お勉強をするのは好きですか。

考査：第二次

集団テスト

2つのグループに分かれ、一方は赤、もう一方は青のランニング式ゼッケンをつけて立って行う。

9 巧緻性（プレゼント作り）

ビーズが5個入ったお弁当箱、ふたつきの透明なプラスチック容器、紙袋、綴じひも（黄色）、モール（水色）、透明なプラスチックの箱、洗濯ばさみが用意されている。テスターがお手本を見せながら説明し指示を出す。

・綴じひもにお弁当箱の中のビーズを全部通して、両端をそれぞれ玉結びにしましょう。モールを半分に折り、両端を合わせて2回ねじってください。透明なプラスチック容器のふたを開け、ビーズを綴じひもに通したものとモールを半分に折ってねじったものを入れてふたを閉めましょう。透明なプラスチック容器を紙袋に入れて袋の口を折り、洗濯ばさみで留めます。その紙袋を透明なプラスチックの箱に入れましょう。

10 制作（お家作り）・行動観察

お家用の台紙（黄色）、ドア用の台紙（オレンジ色）、屋根用の台紙（茶色）、クレヨン、液体のり、はさみが用意されている。

・ドア用の台紙からドアを切り取り、屋根用の台紙の点線をすべて山折りにしてください。お家用の台紙の星が1つかいてある面に、切り取ったドアを貼りましょう。星が3つかいてある面の三角を、2つとも自分のつけているゼッケンの色で塗ってください。星が4つかいてある面に好きな絵を描きましょう。お家用の台紙の点線をすべて山折りにして、のりしろにのりをつけ、お家を組み立ててください。屋根ののりしろにものりをつけ、お家に貼りましょう。お家用の台紙の星が2つかいてある面の切り込みを開けて窓にしたら完成です。

・それぞれ作ったお家を持ち寄り、用意してある空き箱、トイレットペーパーの芯、ひもなどを使ってみんなで町をつくりましょう。

11 行動観察（卵運びリレー）

2グループで、リレー形式のゲームを行う。

・スタートの机の上におもちゃの卵（10個）、お茶わん、巻きす、おはし、おたま、カレー用スプーンなどが用意されている。好きな道具を使っておもちゃの卵を1人1個ずつ運ぶ。コーンを回って指示された机に卵と道具を置く。

運動テスト

12 連続運動

2グループ同時に行う。

・跳び箱（1段）の上に上がってマットまでジャンプする→ソフトボール（小）をオニの的に投げる→木箱の上で片足バランスをする→マットの上でイモムシゴロゴロをする。

1

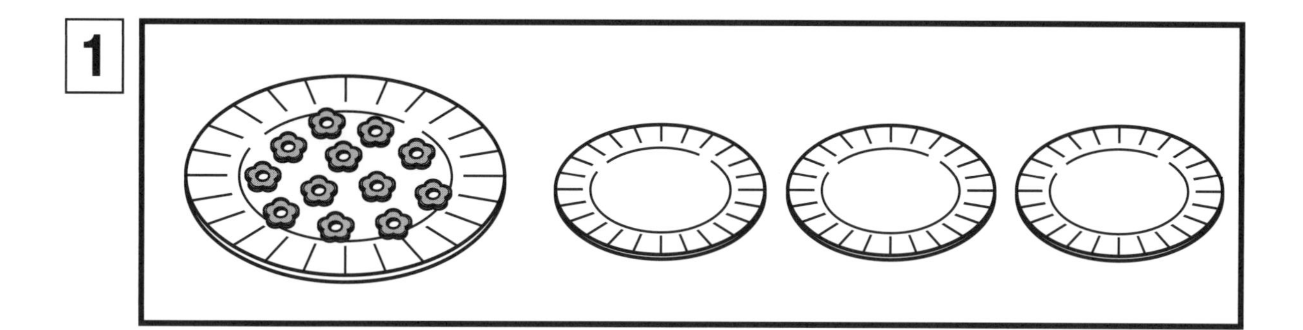

2

3

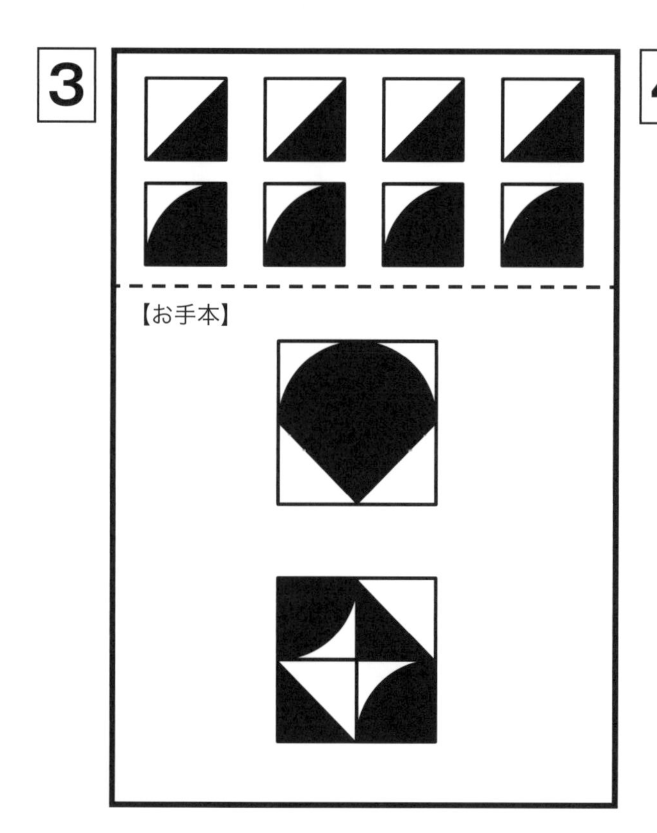

4

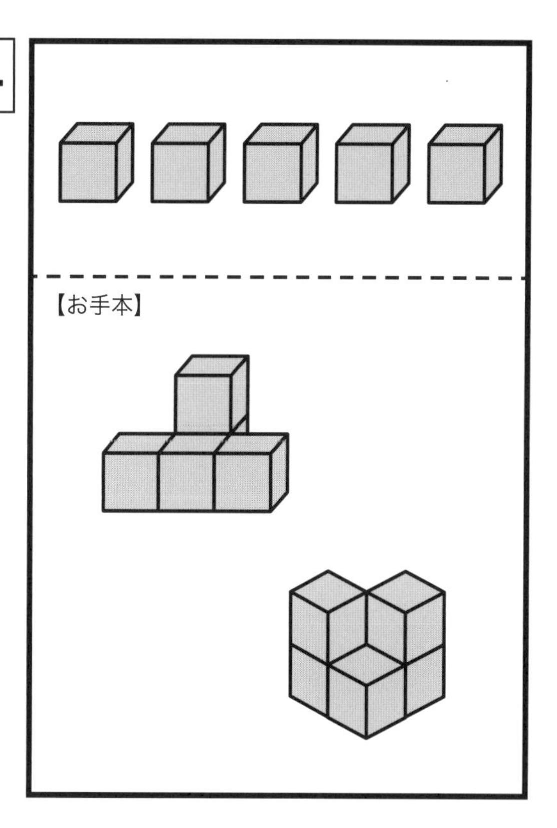

5

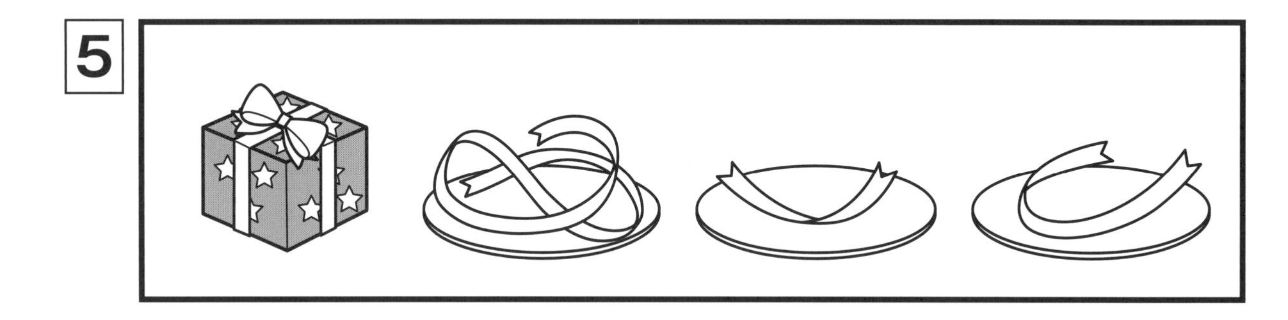

6

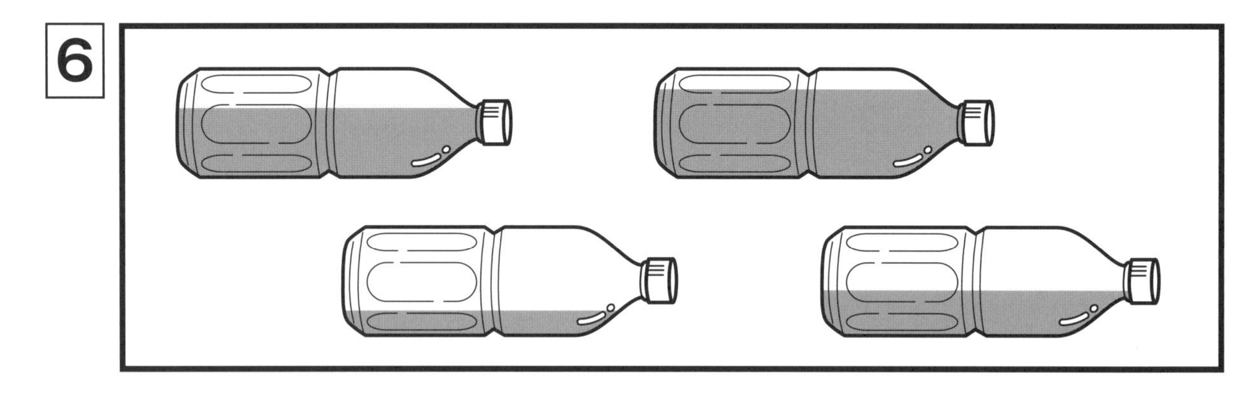

7

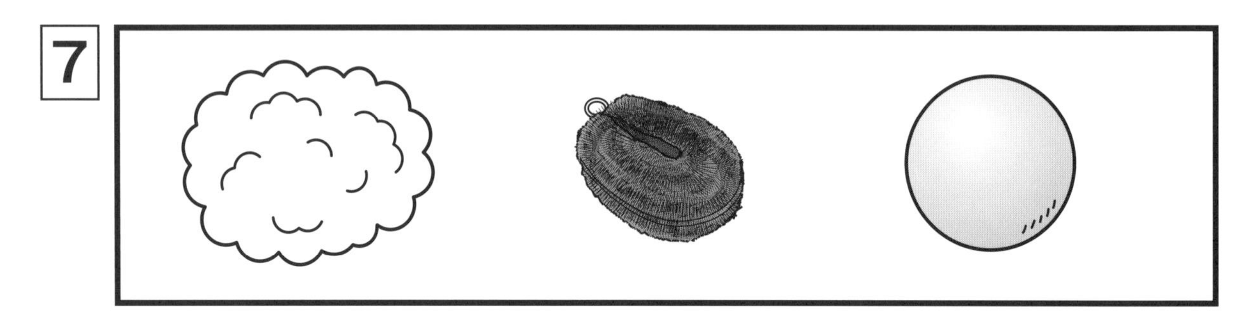

8

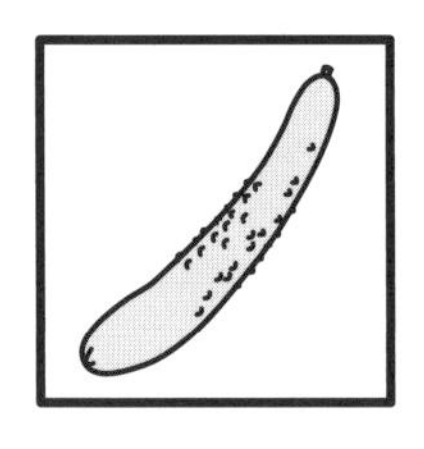

9

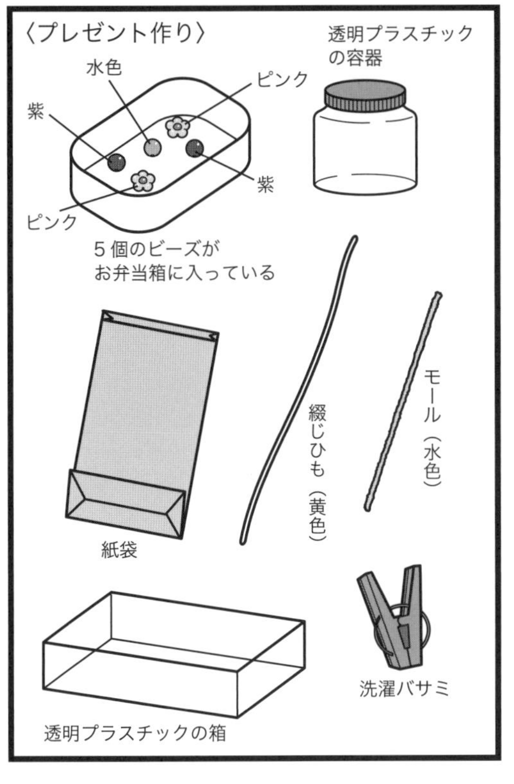
〈プレゼント作り〉
透明プラスチックの容器
水色
ピンク
紫
紫
ピンク
5個のビーズがお弁当箱に入っている
紙袋
綴じひも（黄色）
モール（水色）
透明プラスチックの箱
洗濯バサミ

10

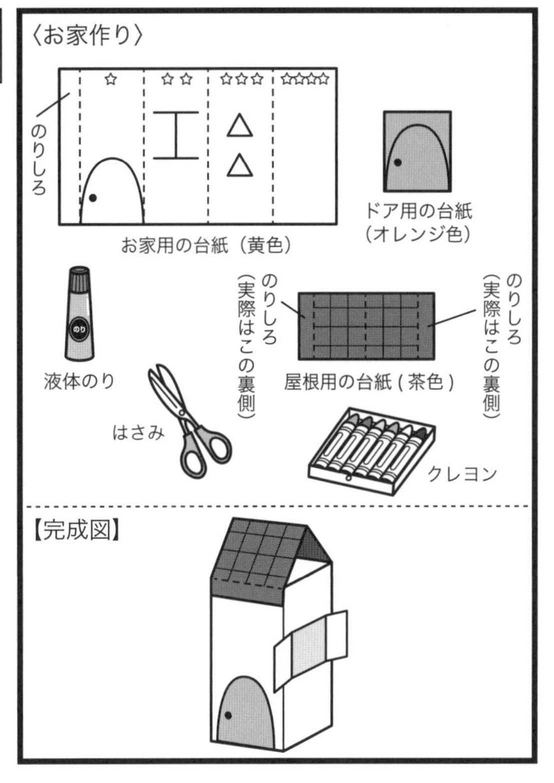
〈お家作り〉
のりしろ
お家用の台紙（黄色）
ドア用の台紙（オレンジ色）
液体のり
のりしろ（実際はこの裏側）
屋根用の台紙（茶色）
のりしろ（実際はこの裏側）
はさみ
クレヨン
【完成図】

11

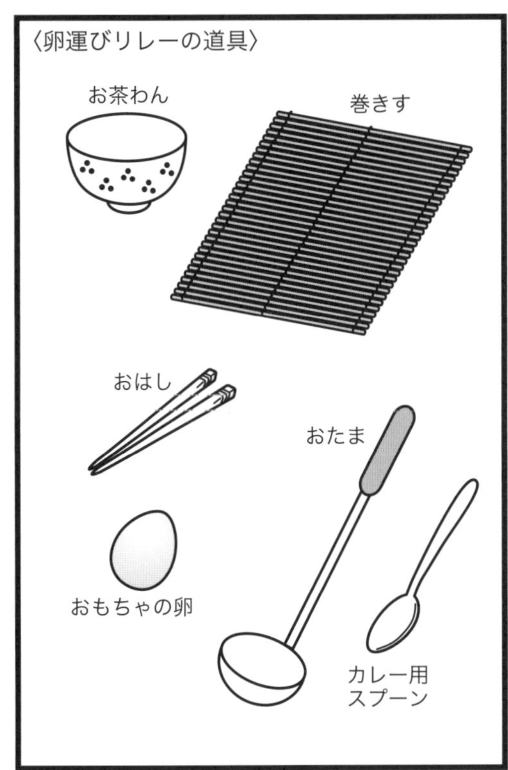
〈卵運びリレーの道具〉
お茶わん
巻きす
おはし
おたま
おもちゃの卵
カレー用スプーン

12

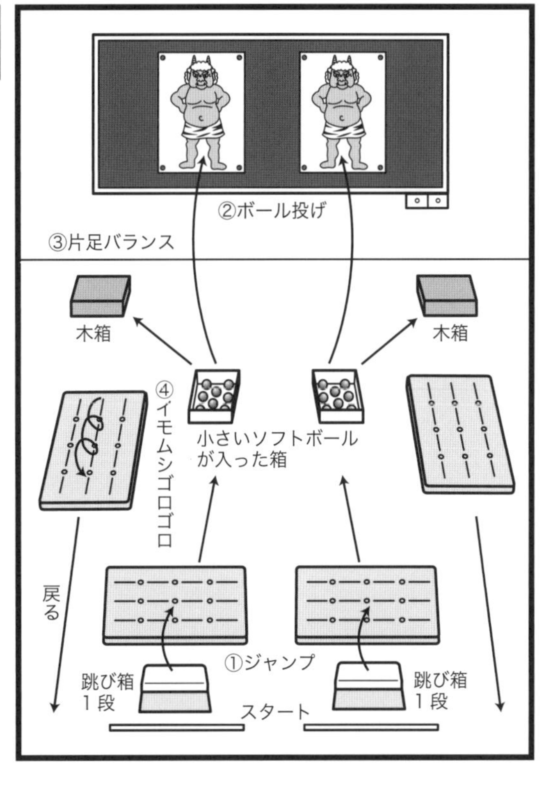
②ボール投げ
③片足バランス
木箱
木箱
④イモムシゴロゴロ
小さいソフトボールが入った箱
戻る
①ジャンプ
跳び箱1段
跳び箱1段
スタート

section
2015 桐朋小学校入試問題

選抜方法

第一次 考査は1日で、個別テストを行い、145人を選出する。所要時間は30分～1時間。

第二次 第一次合格者を対象に受験番号順に9～12人単位で集団テスト、運動テストを行う。所要時間は約1時間30分。

考査：第一次

個別テスト

机が横に並んでいて、必要な教材がそれぞれ置いてある。机を移動しながら、テスターと1対1で立ったまま課題に取り組む。

1 数量・言語

机の上に5個のネズミの人形と、それぞれの前にお皿が置いてある。別の入れ物にドングリが7個入っている。

・ネズミにドングリを1つずつあげましょう。いくつ余りましたか。答えましょう。

・ネズミにドングリを2つずつあげましょう。いくつ足りないですか。答えましょう。

2 話の記憶

テスターがお話をする。

「たろう君とはなこさんが公園のすべり台で遊んでいました。次に砂場でお山を作っていたら、けんた君が『入れて』と言ってやって来たので、けんた君も入れて3人で遊びました。その後、けんた君は『仲間に入れてくれたから、僕だけの秘密の場所に連れていってあげるよ』と言って、秘密の場所に連れていってくれました。そこはお花畑でした」

・（4枚の絵カードを見せられる）たろう君とはなこさんが2人で遊んでいたものはどれですか。指でさしましょう。

・けんた君が連れていってくれたのはどこですか。答えましょう。

・どうしてその場所に連れていってくれたのですか。答えましょう。

3 構　成

積み木8個（一つひとつ違う色がついている）とお手本が2つ置いてある。

・お手本と同じになるように積み木を積みましょう。

4 構　成

四角２枚と三角４枚のカード、２つのお手本が置いてある。

・カードを使ってお手本と同じ形を作りましょう。１つ作ったら、もう１つのお手本の形も作りましょう。

5 言語（しりとり）

絵カードが４枚置いてある。

・しりとりでつながるように空いているところに入る絵を、下の絵カードから選んで置きましょう。

6 推理・思考（比較）

１切れ分の切り込みが入っている５枚のピザの絵を見せられる。

・１切れの大きさが一番大きいピザはどれですか。指でさしてください。

・１切れの大きさが一番小さいピザはどれですか。指でさしてください。

7 推理・思考（比較）

長さの違う５本の角棒が置いてある。１本だけ赤い色がついている。

・赤い棒より長い棒を全部教えてください。棒に触って調べてもいいですよ。

8 言　語

いろいろな動作をしている絵が描いてあるカードを見せられる。

・何をしているところですか。お話ししてください。

言　語

・お名前と年齢を教えてください。

・朝ごはんは食べてきましたか。

・あなたはおままごとをしたことがありますか。

・あなたはおままごとで誰になりたいですか。

・みんなでおままごとをするときに、赤ちゃんをやりたい人が２人になってしまいました。こんなときはどうしたらよいと思いますか。

・お友達がお外でサッカーをして遊んでいたら、服が汚れて泥んこになってしまいました。この後、あなたならどうしますか。

・あなたはお外で泥んこになったことがありますか。

考査：第二次

集団テスト

２つのグループに分かれ、一方は赤、もう一方は青のランニング式ゼッケンをつけて立って行う。

9 制作（タコ作り）

切り込みが入っているマチつきの紙袋、顔用の口が描いてある台紙、足用の切り取り線や丸シールを貼る枠がかいてある薄紙（黄色）、丸シール（赤、青）各３枚、クレヨン、液体のり、はさみが用意されている。

・顔用の台紙にクレヨンで目を描き、口のところは好きな色で塗りましょう。外側の丸を線の通りにはさみで切ったら、裏にのりをつけ、紙袋の切り込みより上に貼りましょう。
・黄色い薄紙の枠の中に赤と青が交互になるように丸シールを貼りましょう。真ん中の切り取り線の通りに切って２枚にしたら、点線を山折りにして折ったところにのりをつけ、紙袋の切り込みの右と左にそれぞれ貼りましょう。

10 行動観察（タコ競争）

制作で作ったタコを使って競争する。タコに風を送るための道具が人数分より少し多めに用意されている（大小のうちわ、下敷き、扇子、クリアフォルダ、風船用空気入れなど）。

・グループで協力して、タコに風を送って進ませる競争をしましょう。タコがうまく進むにはどの道具を使ったらよいか考えて道具を選びましょう。

11 制作（ワカメ作り）・共同絵画（海の生き物）

点線と波線がかいてある薄紙（黄緑）、絵の具で波が描いてある模造紙、クレヨン、はさみが用意されている。

・黄緑の薄紙を波線の通りにはさみで切ってワカメを作りましょう。自分のゼッケンと同じ色のクレヨンで、ワカメの中に三角を２つかきましょう。かいたら点線を折って立つようにしましょう。
・グループで協力して、模造紙に描かれた波の間に海の生き物をクレヨンで描きましょう。できあがったら、作ったワカメを絵の上に置きましょう。

12 生活習慣

制作で使用した道具（クレヨン、液体のり、はさみ）と大小のノート、おはじき、あやとりのひも、タオル、Ｔシャツなどが用意されている。プラスチックのカゴや小さい容器も置いてある。

・Ｔシャツをたたんで先生に渡してください。
・あやとりのひもを結んでカゴに入れましょう。
・おはじきは小さい容器に入れてふたを閉めてカゴに入れましょう。

・残りのものは自分で考えて全部カゴの中に片づけましょう。

行動観察（ジェスチャージャンケン）

グーのときには身体を丸めて手足を縮め、パーのときには手足を広げ、チョキのときには手足を前後に広げて横を向く。

行動観察（段ボール箱積み競争）

グループに大きい段ボール箱が１つと、小さい段ボール箱が多数用意されている。グループごとに段ボール箱を高く積む。１人ずつ段ボール箱のところまで走っていき、よいと思う箱を選んで指示された場所へ運び積んでいく。倒れてしまったら全員で元に戻してまたやり直す。

運動テスト

連続運動・生活習慣

床にスタートラインが引いてあり、その先にバツ印がついている。近くのカゴにドッジボールが入っている。カゴの横の机の上に割りばし、スポンジキューブ３個が入ったトレーと何も入っていないトレーが置いてある。

・グループごとにスタートラインに１列に並ぶ→ケンケンでバツ印まで行く→カゴからボールを取って、バツ印の上でボールの投げ上げを３回行い、カゴにボールを戻す→机まで移動し、空いている方のトレーにスポンジキューブを割りばしで移す→割りばしを置いたらスキップでゴールに戻り、次の人にタッチする。

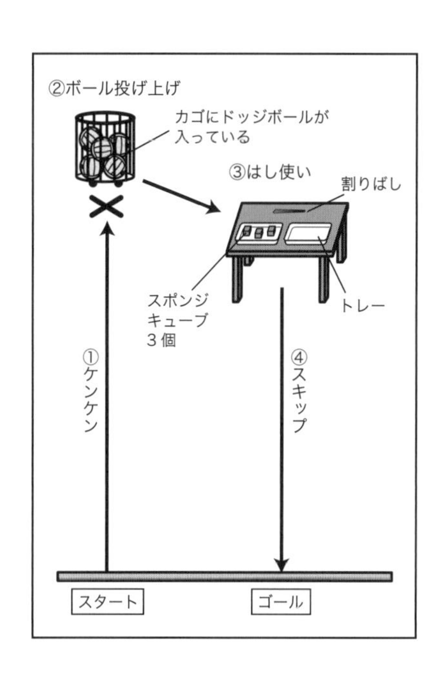

1

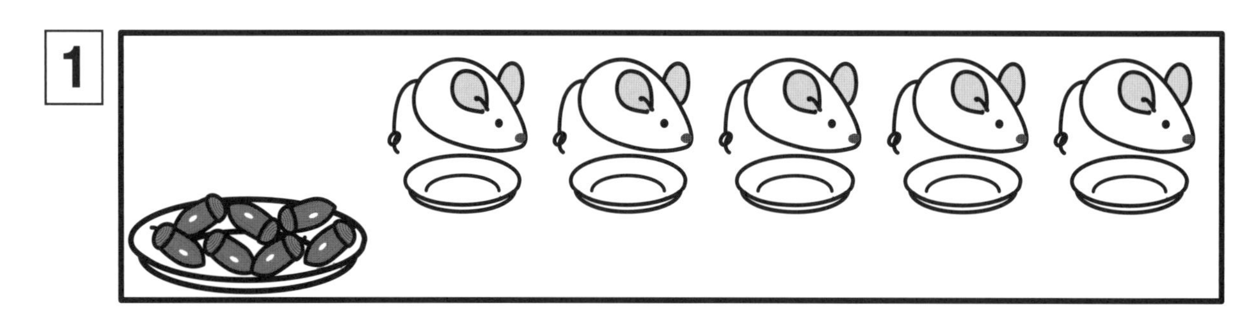

2

3

4

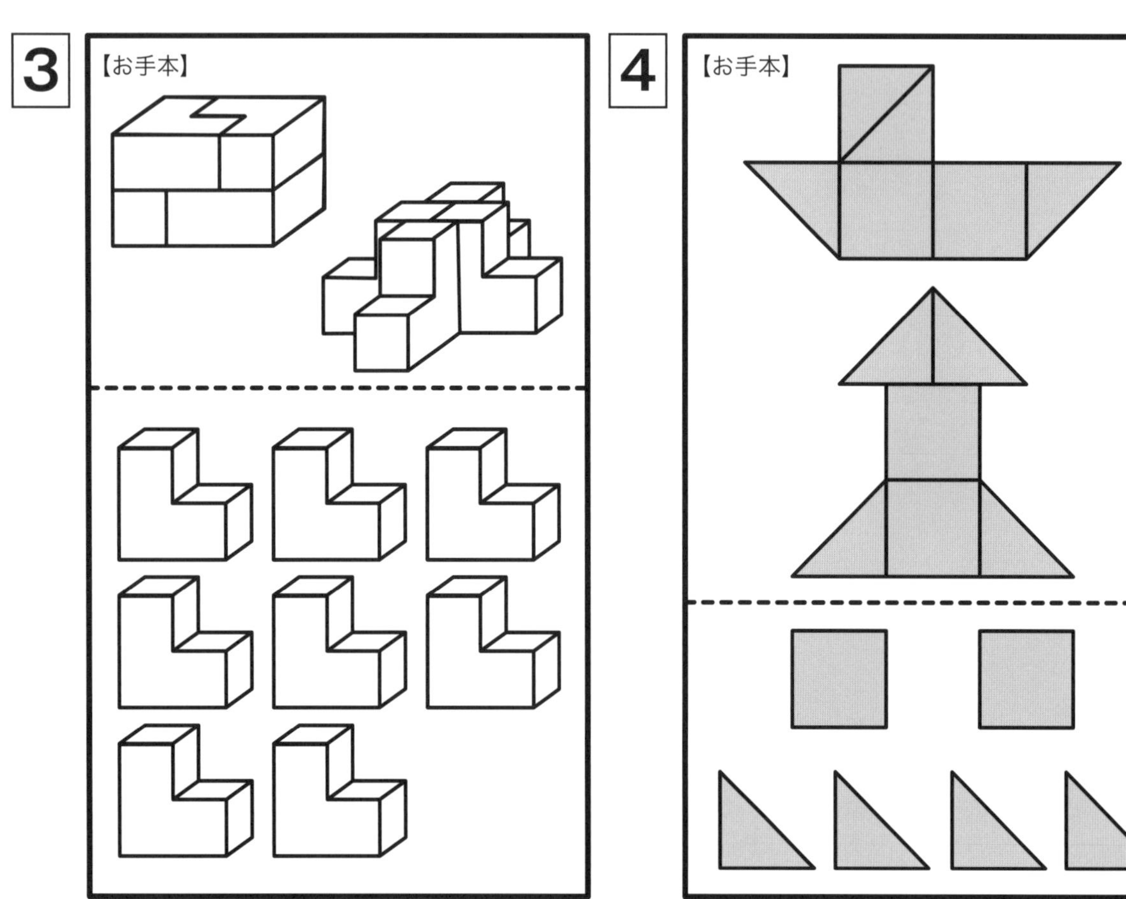

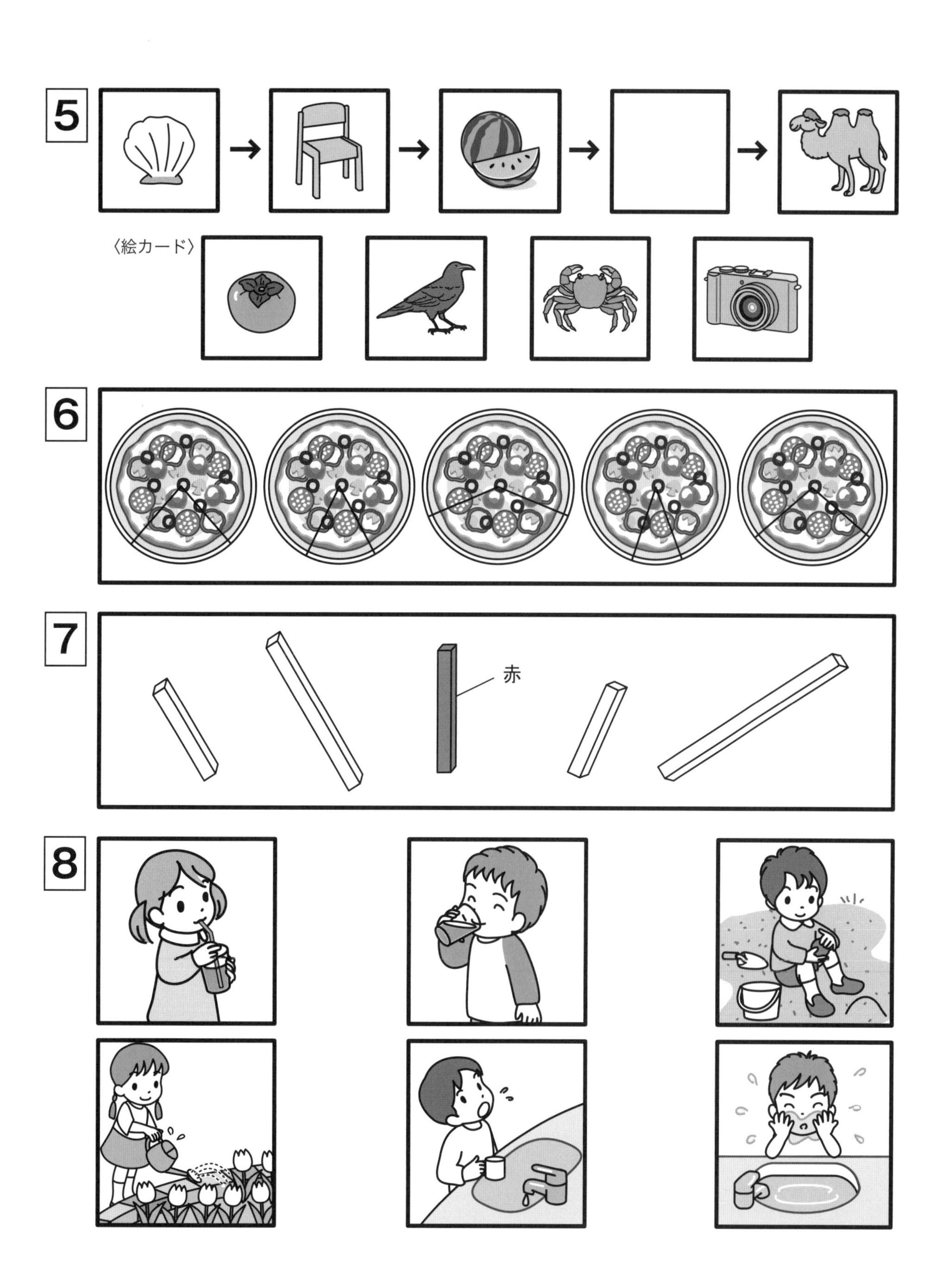
5
〈絵カード〉
6
7
赤
8

9
10

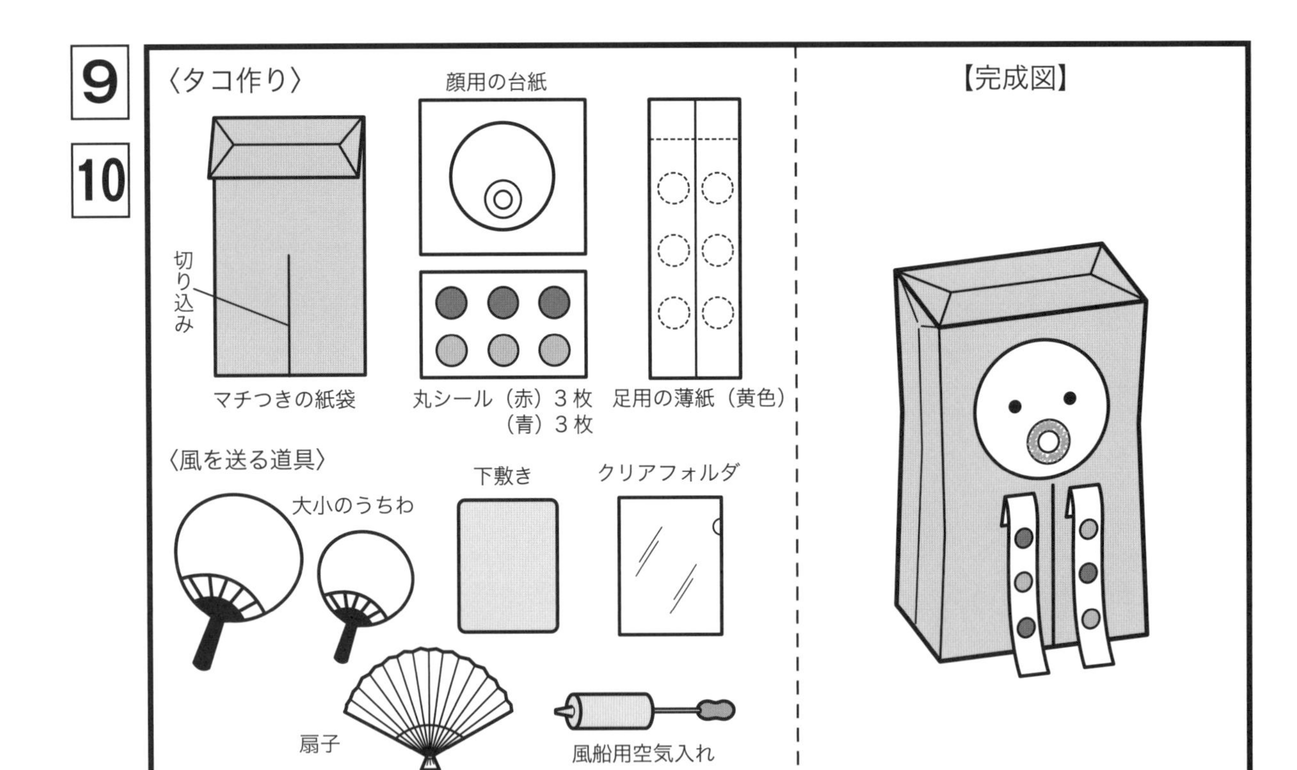
〈タコ作り〉
顔用の台紙
切り込み
マチつきの紙袋
丸シール（赤）３枚
（青）３枚
足用の薄紙（黄色）
〈風を送る道具〉
大小のうちわ
下敷き
クリアフォルダ
扇子
風船用空気入れ
【完成図】

11

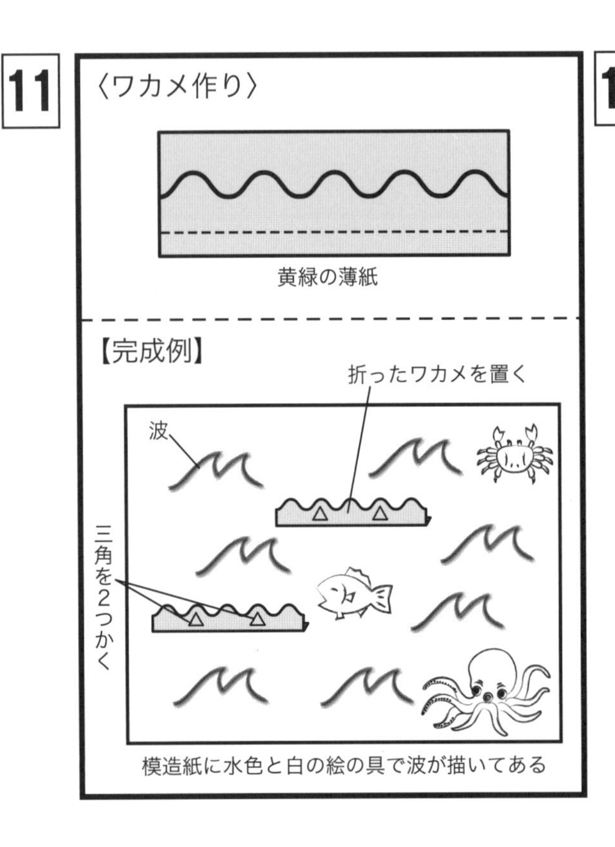
〈ワカメ作り〉
黄緑の薄紙
【完成例】
折ったワカメを置く
波
三角を2つかく
模造紙に水色と白の絵の具で波が描いてある

12

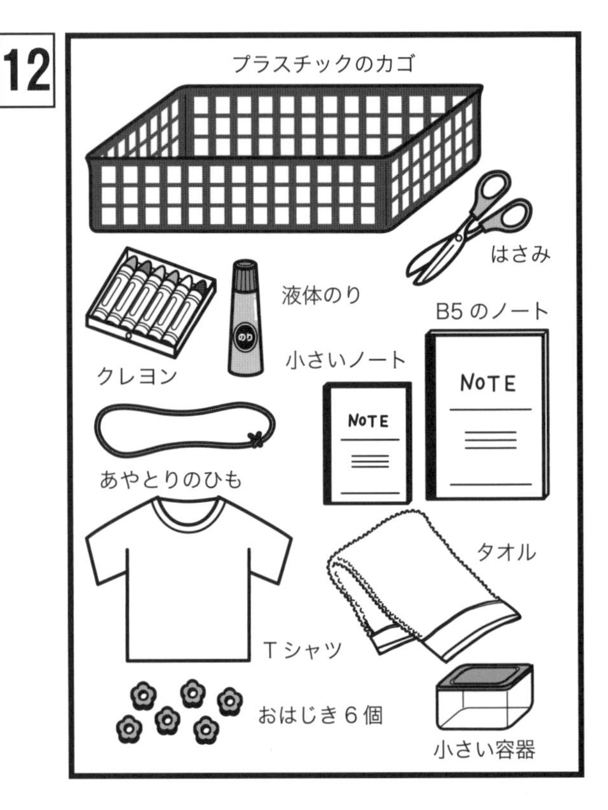
プラスチックのカゴ
はさみ
液体のり
B5 のノート
クレヨン
小さいノート
NOTE
あやとりのひも
タオル
T シャツ
おはじき６個
小さい容器

桐朋小学校
入試シミュレーション

桐朋小学校入試シミュレーション

1 数　量

シールを使用する。

・上の絵を見てください。ここにいる子どもたちにピッタリ１個ずつあげられる果物はどれですか。すぐ下から選んで指でさしてください。

・１個ずつあげたときに２個余ってしまう果物はどれですか。すぐ下から選んで指でさしてください。

・下の絵を見てください。丸、三角、四角の箱の中に、３種類のおやつが入っています。今入っているおやつは減らさないで、どの箱にもドーナツ、アメ、おせんべいをそれぞれ同じ数ずつ入れるには、おやつはあと何個あればよいですか。その数だけ、それぞれのおやつにシールを貼りましょう。

2 推理・思考（比較）

・上の段です。一番長いひもを指でさしましょう。

・一番短いひもを指でさしましょう。

・真ん中の段です。一番長い鉛筆を指でさしましょう。

・一番短い鉛筆を指でさしましょう。

・下の段です。２番目に長いヘビを指でさしましょう。

・一番短いヘビを指でさしましょう。

3 推理・思考（折り図形）

・左端の形は、右の４つの形のうちのどれを点線で折るとできますか。合うものを選んで指でさしましょう。

4 推理・思考

おはじき（赤×３、青×３）を使用する。

・上の３段です。それぞれの段で一番重いものに赤いおはじきを、一番軽いものに青いおはじきを置きましょう。おはじきは右の絵に置いてください。

・一番下を見ましょう。左上のカエルの卵から出発して、右下のカエルまでマス目を進んでいきます。マス目のサイコロは決まりよく並んでいますが、ところどころオタマジャクシとカエルに隠されています。隠れているところにどの目があるか考えて、左のサイコロの目を指でさしましょう。

5 構成（欠所補完）

下の綱の絵を４枚のカードに切って使用する。

・動物たちが綱引きをしています。それぞれの動物の綱がつながるように、丸、三角、四角、バツの印がついた四角に合うカードを置きましょう。

6 常識・言語

９枚のカードに切って使用する。

・カードを３つの仲間に分けましょう。

・それぞれ何の仲間ですか。お話ししてください。

・この中で見たことがあるものはどれですか。どこで見ましたか。

・触ったことがあるものはどれですか。どこで触りましたか。

7 言語（しりとり）

6で使用した９枚のカードを使用する。

・左から始めて右端のリスまでしりとりでつながるように、空いている四角に入るカードを選んで置きましょう。

8 お話作り・言語

・２枚の絵を紙芝居のようにつなげてお話を作りましょう。

・あなたはドングリ拾いをしたことがありますか。いつ、どこでしましたか。

・あなただったらドングリを使ってどんな遊びをしますか。

9 制作（ペンダント作り）

台紙に穴開けパンチで穴を開けておく。カラーロープ、クレヨン、液体のり、はさみを使用する。

・カードを外側の線の通りに切り、裏にのりをつけて台紙の真ん中に貼りましょう。

・穴にひもを通して、首から下げられるようにかた結びで結びましょう。

・お手本と同じ場所に同じ形をかきましょう。○は赤、△は青のクレヨンでかきましょう。

行動観察・生活習慣（ジャンケンゲーム）

バンダナ、制作で作ったペンダント、タンバリン、シール12枚を使用する。バンダナを頭にかぶって結び、ペンダントを首から下げ、シールを手に持つ。

・タンバリンの音に合わせて自由に歩き、音が止まったらお友達とジャンケンをしましょう。負けた人は勝った人のペンダントのマス目にシールを貼ってください。何度かくり返した後、自分のペンダントのシールを数え、シールの数が一番多かった人の勝ちです。終わったらバンダナをほどいて、たたんで返しましょう。

連続運動

ゴム段２本、マットを使用する。

・ゴム段のところまでケンパーケンパーケンケンパーで進む→ゴム段１本を跳ぶ→ゴム段１本をくぐる→マットでイモムシゴロゴロをする。

1

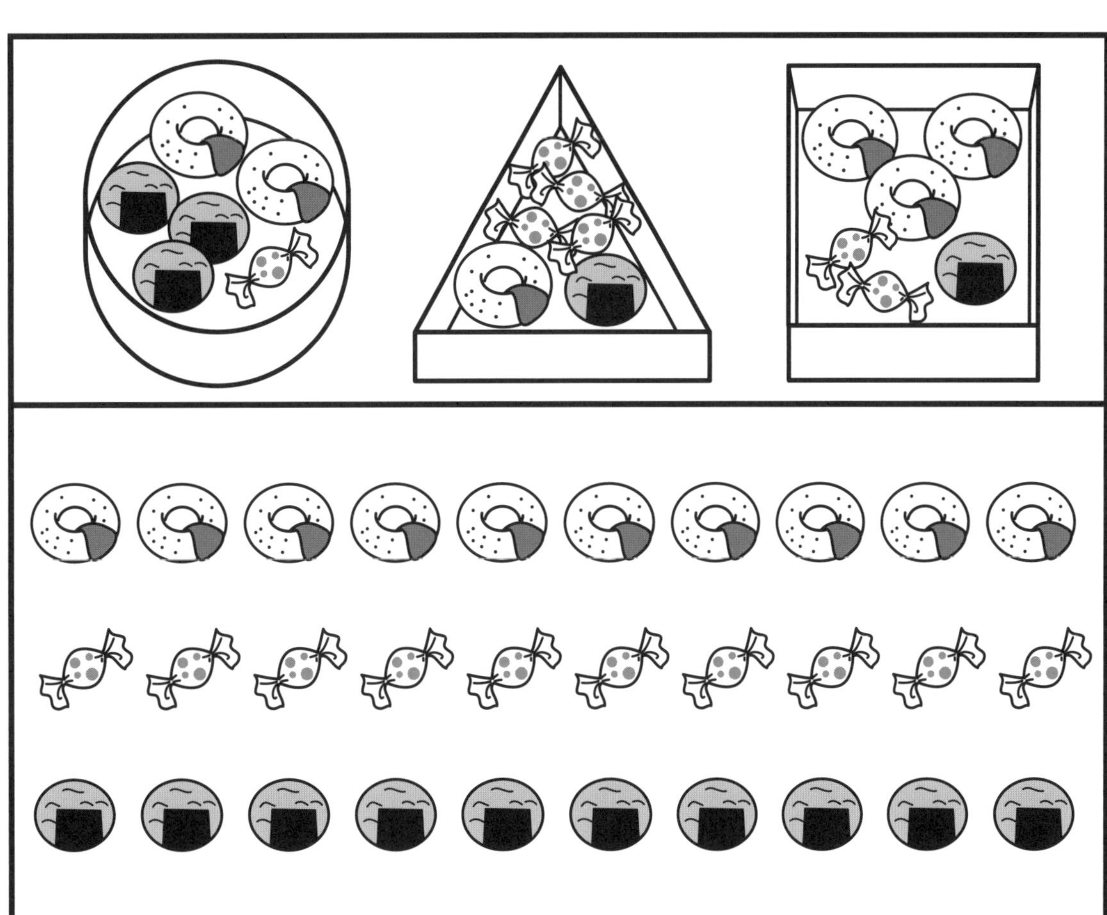

2

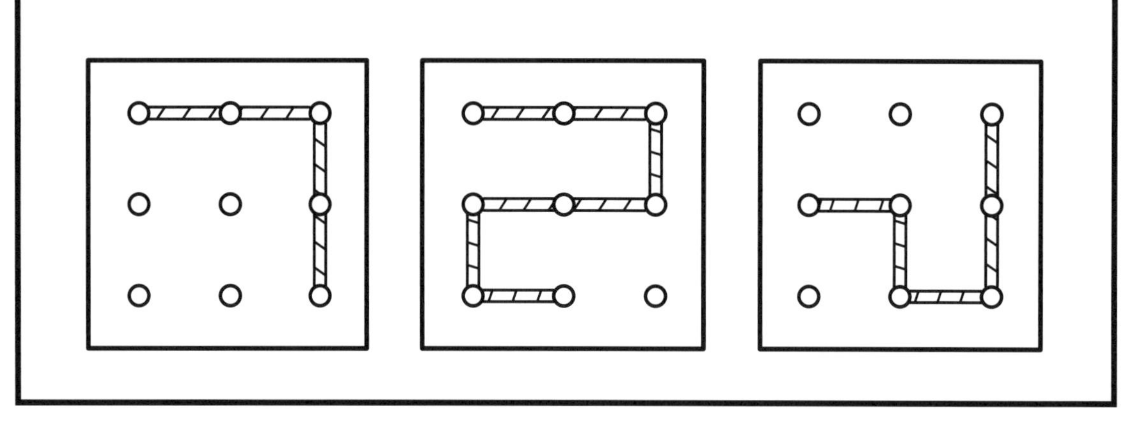

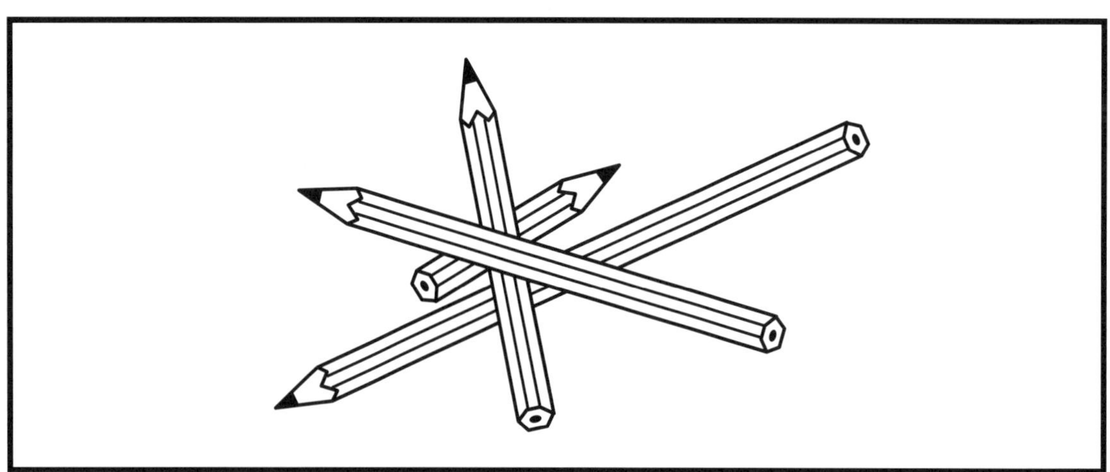

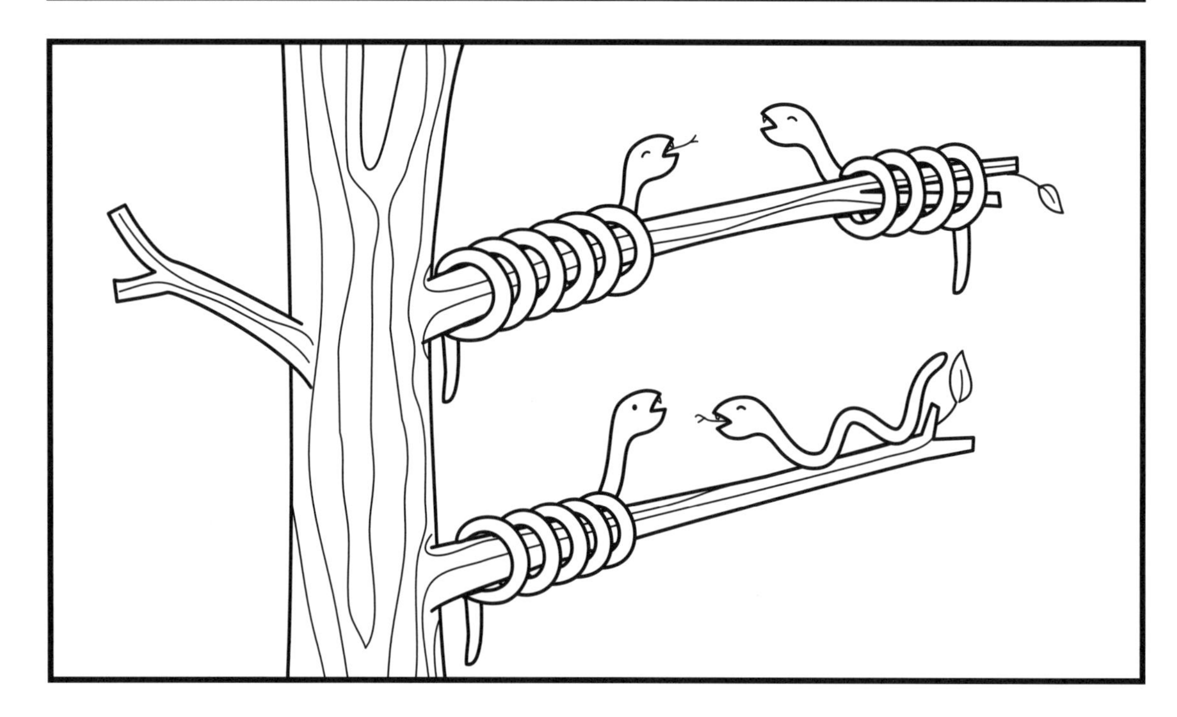

3

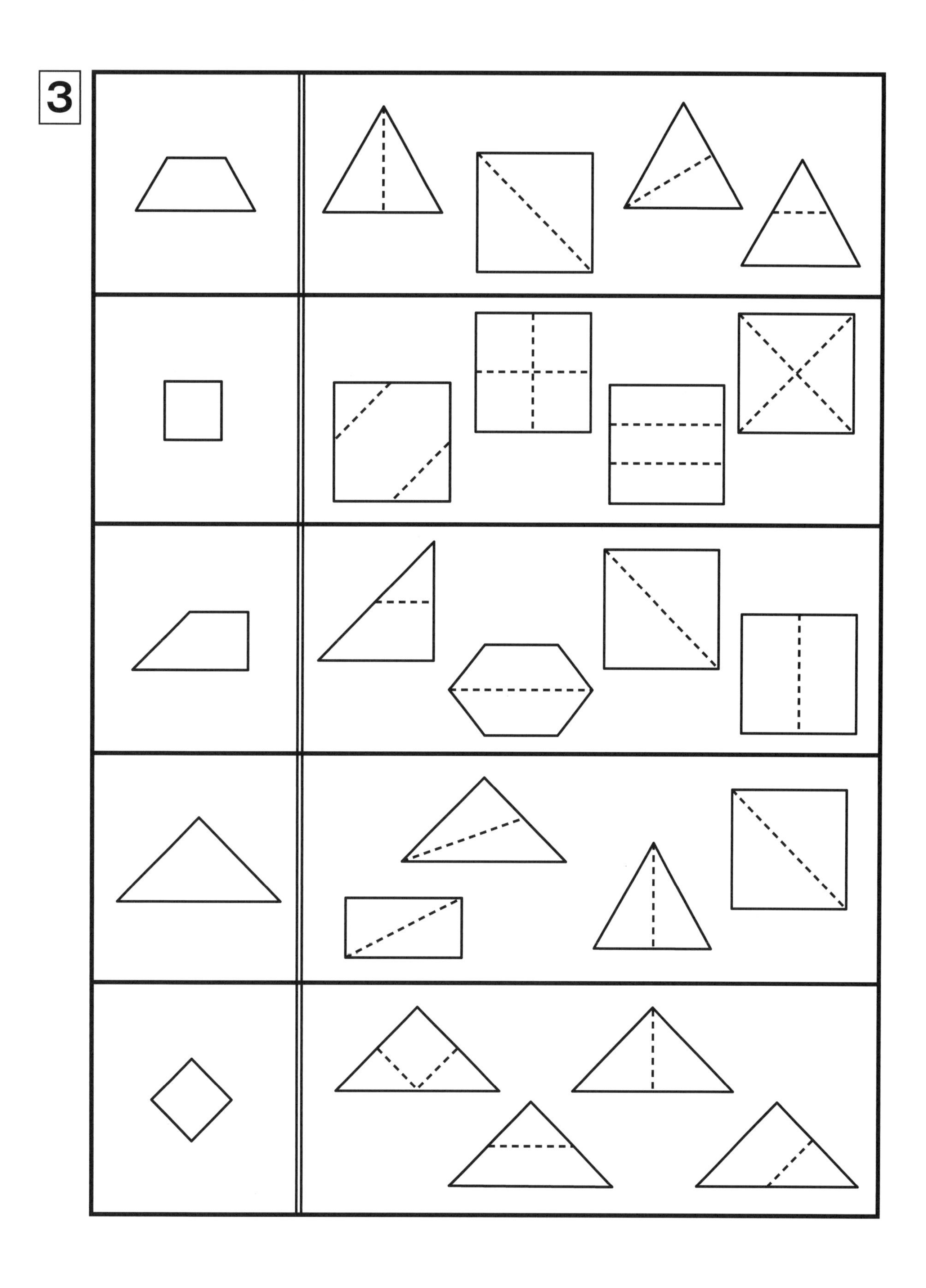

4

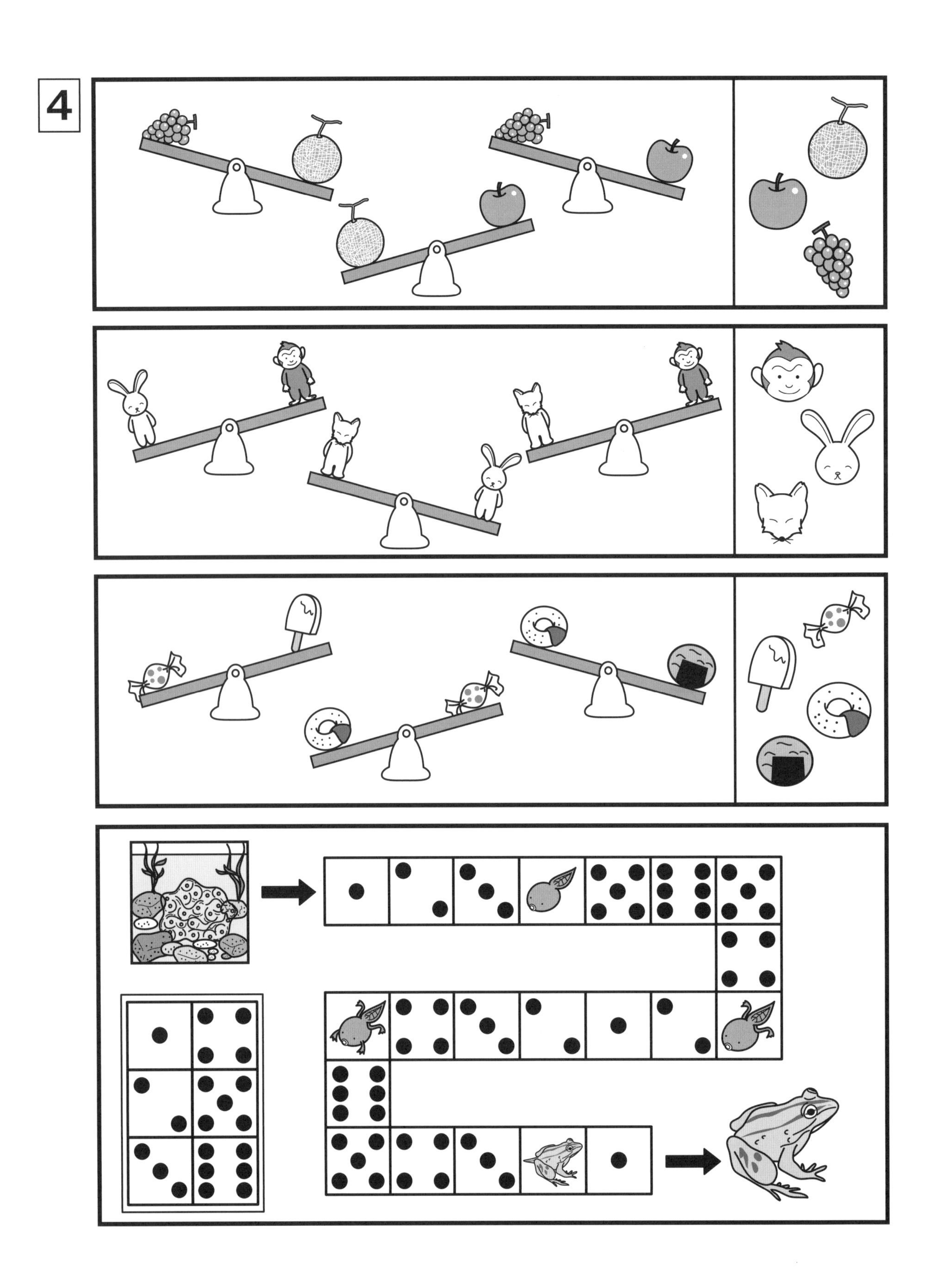

5

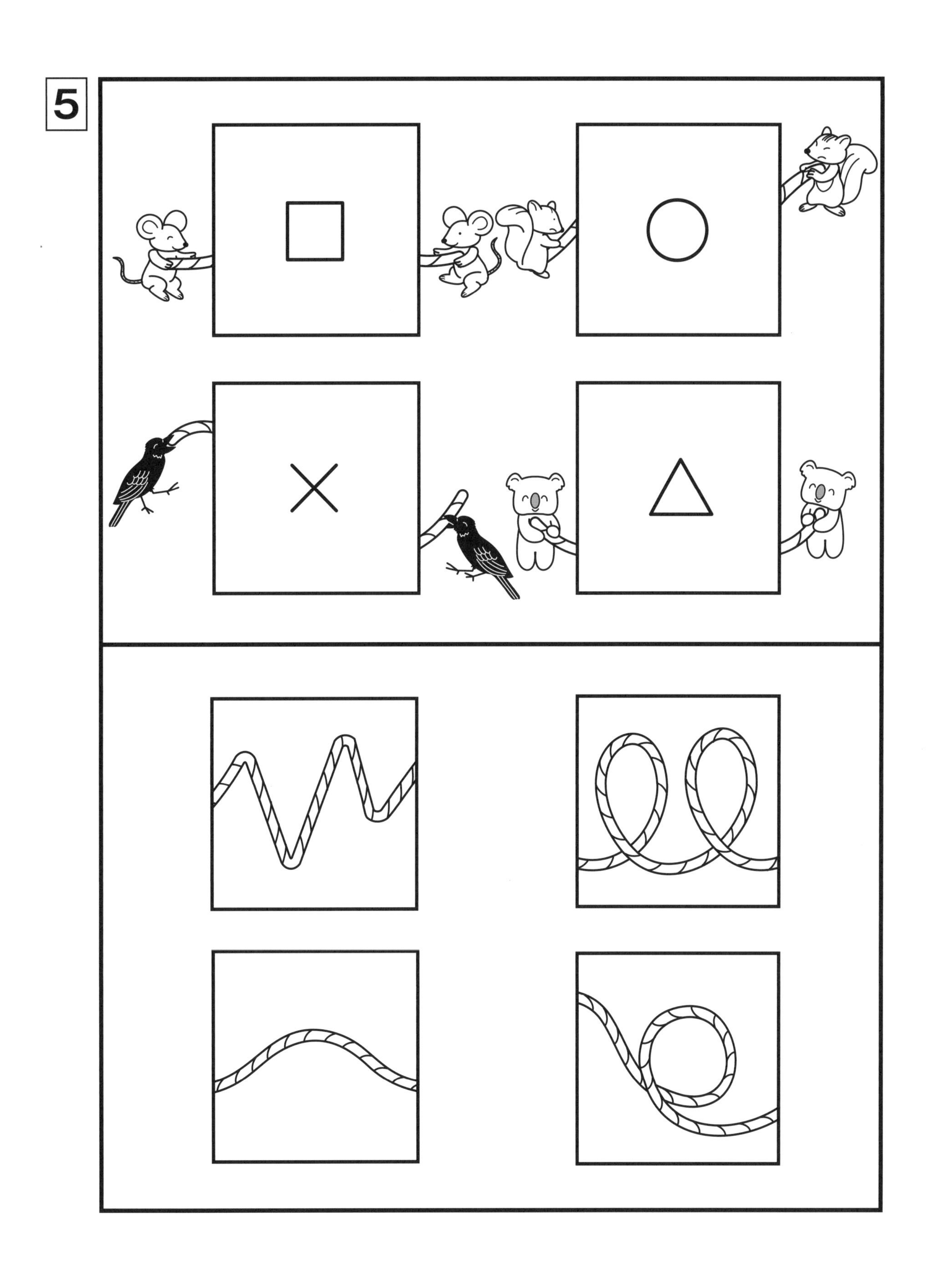

6

7

8

9

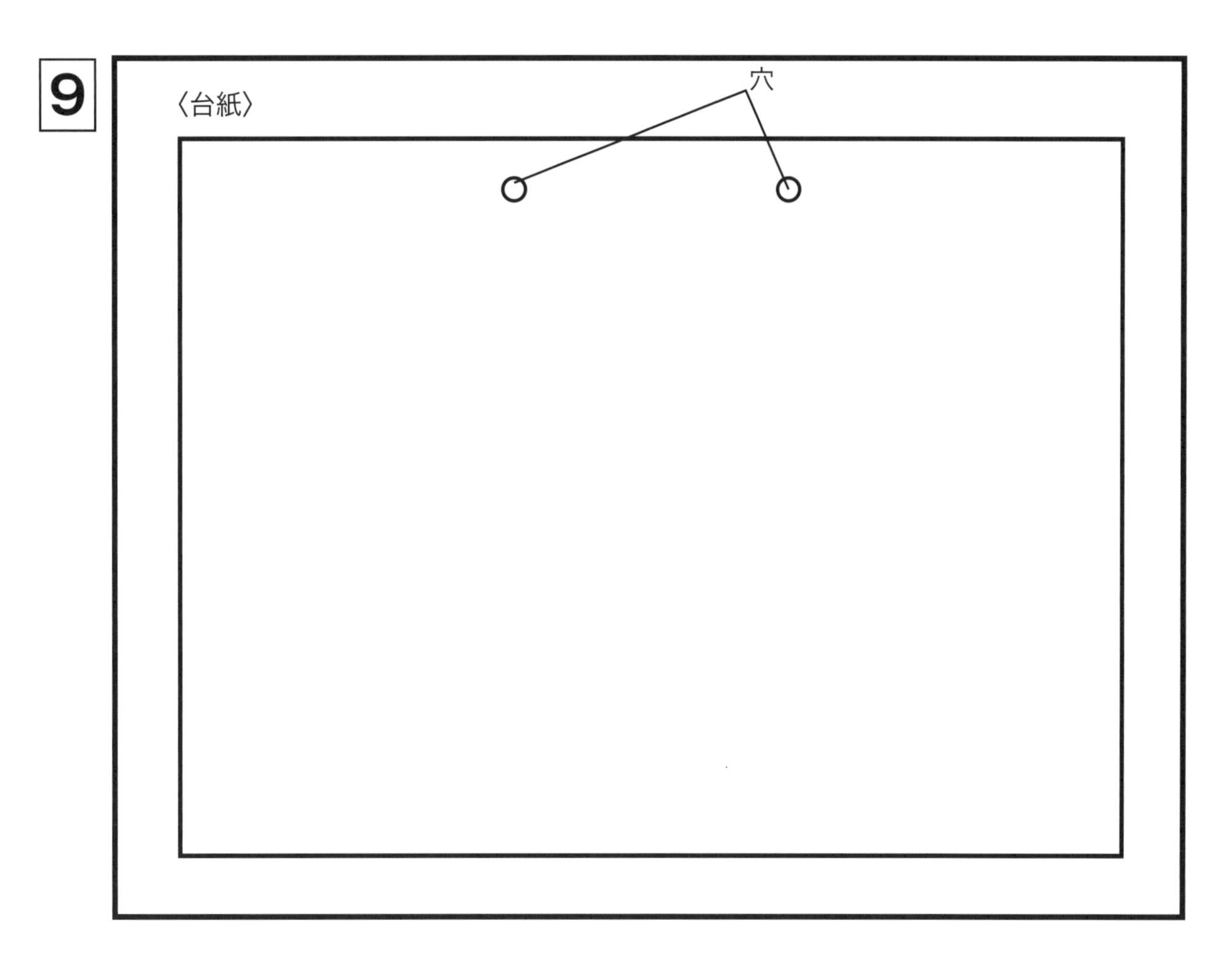

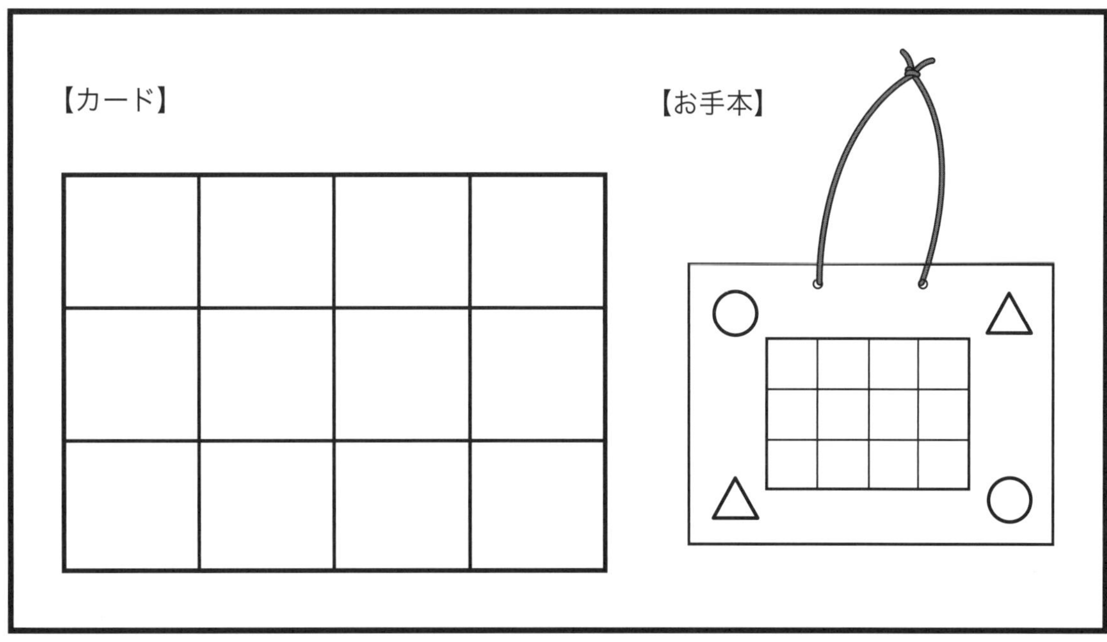

MEMO

MEMO

［過去問］ 2025

桐朋小学校
入試問題集

解答例

＊ **解答例の注意**

この解答例集では、個別テスト、集団テストの中にある□数字がついた問題、入試シミュレーションの解答例を掲載しています。それ以外の問題の解答はすべて省略していますので、それぞれのご家庭でお考えください。（一部□数字がついた問題の解答例の省略もあります）

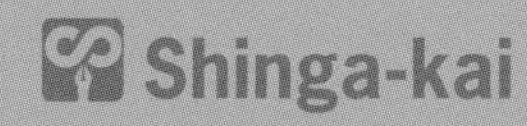

2024 解答例

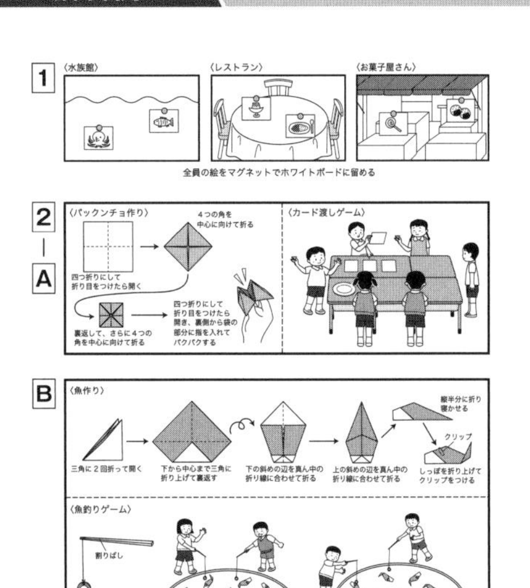

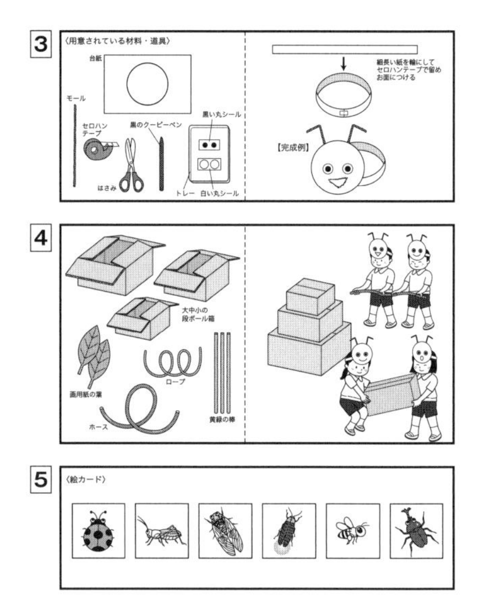

2023 解答例

※1は解答省略

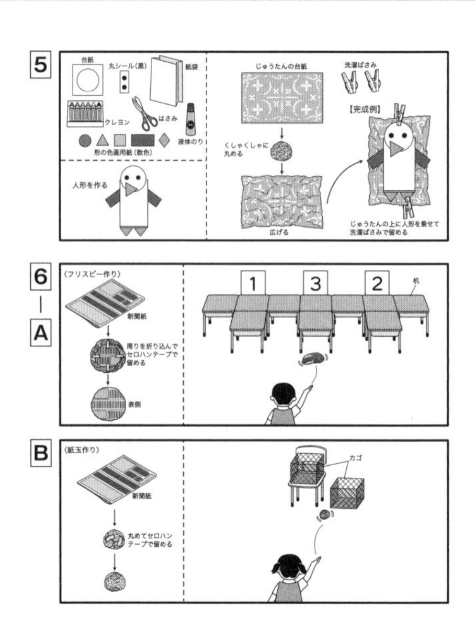

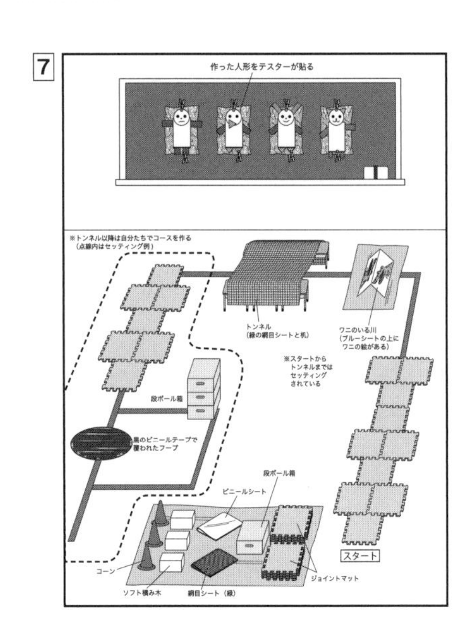

2022 解答例

※1、2、3は解答省略

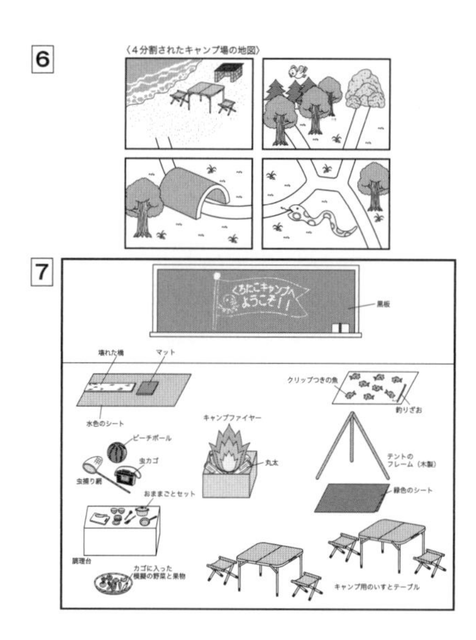

2021 解答例

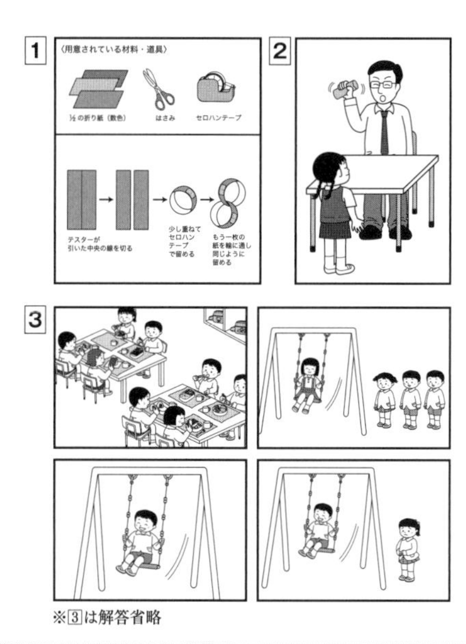

※3は解答省略

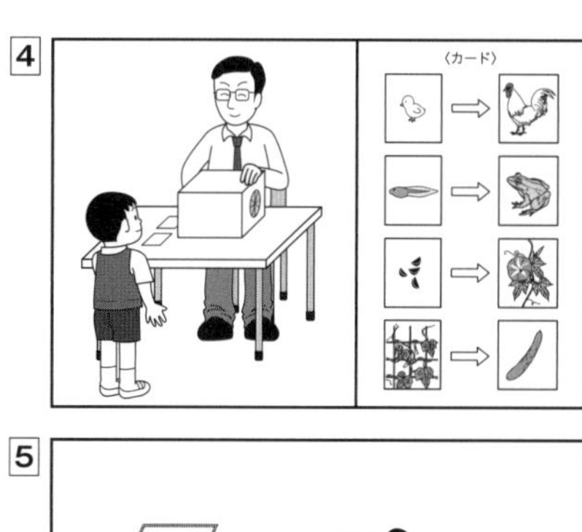

2020 解答例

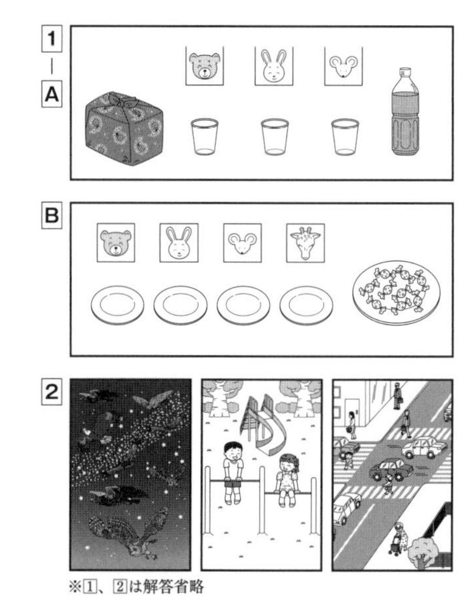

※1、2は解答省略

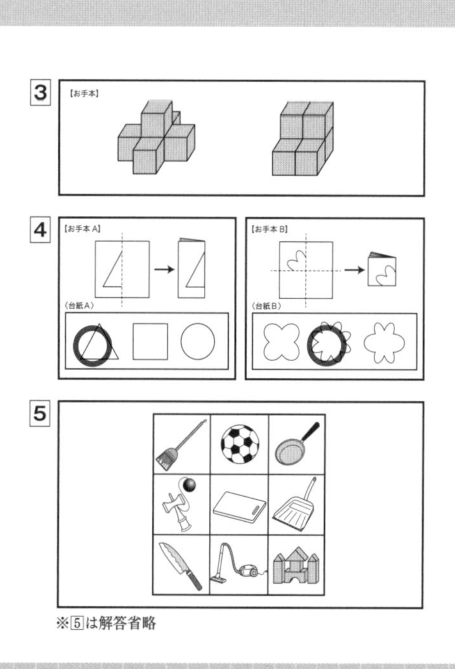

※5は解答省略

2020 解答例

6
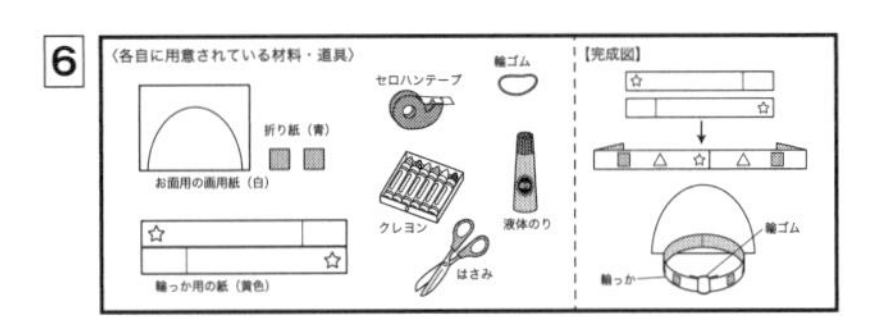

7
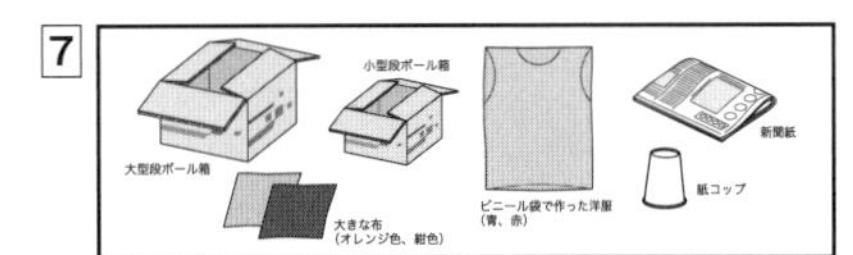

8
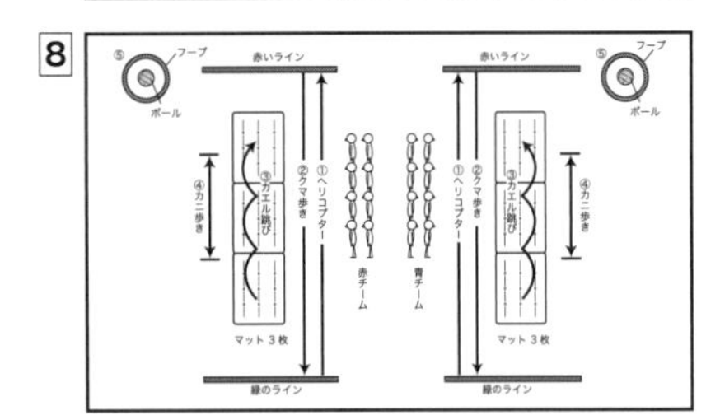

2019 解答例

1
2 — A B

3
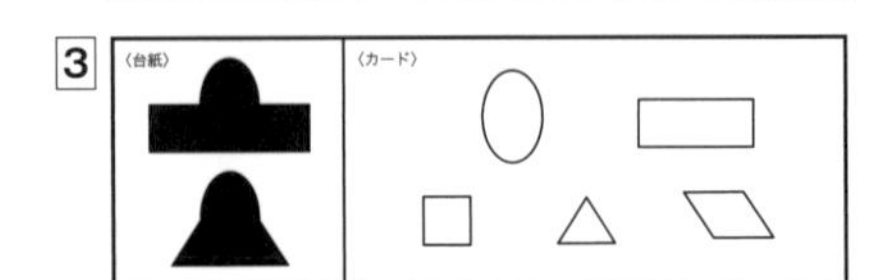

4
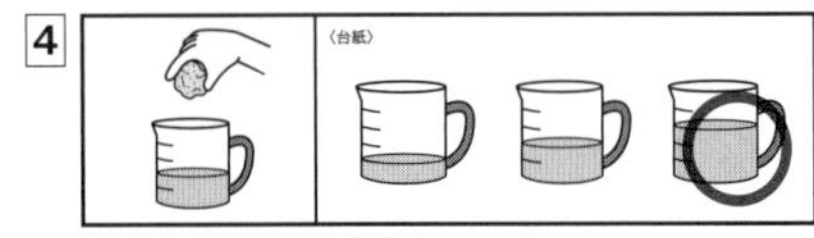

※1、2、3は解答省略

5

6
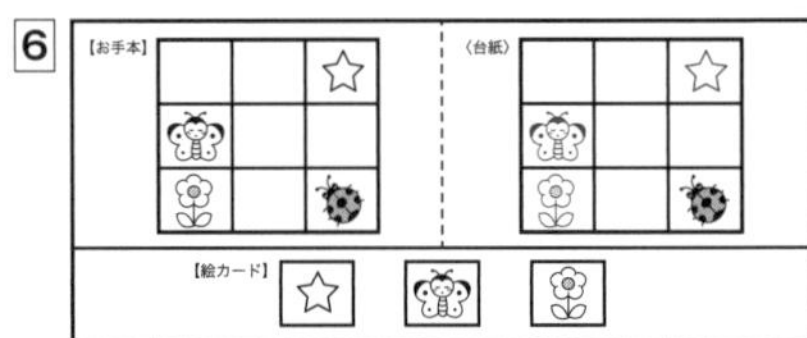

7
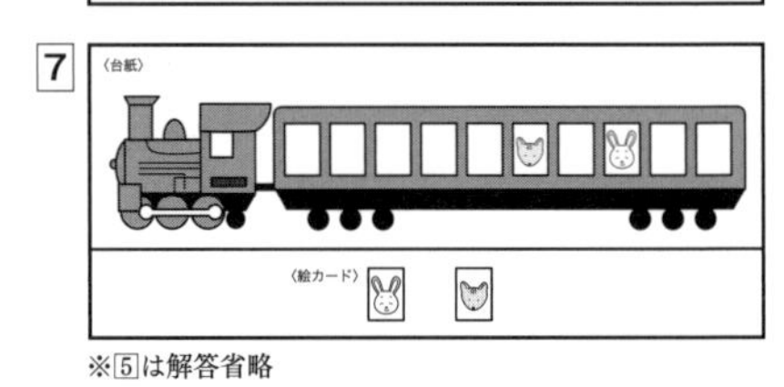

※5は解答省略

8

〈用意されているもの〉
紙皿（大）２枚
ドーナツ
ハンバーガー
クロワッサン
お寿司
マグロ
塩パン
イクラ
エビ
焼き鳥
アンパン
陶器の皿（小）２枚

9
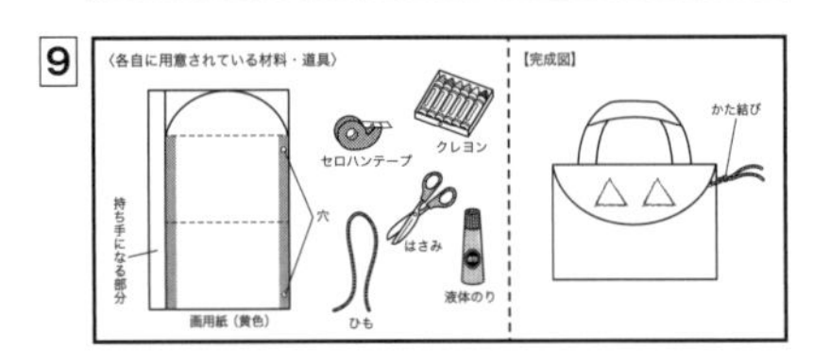

10
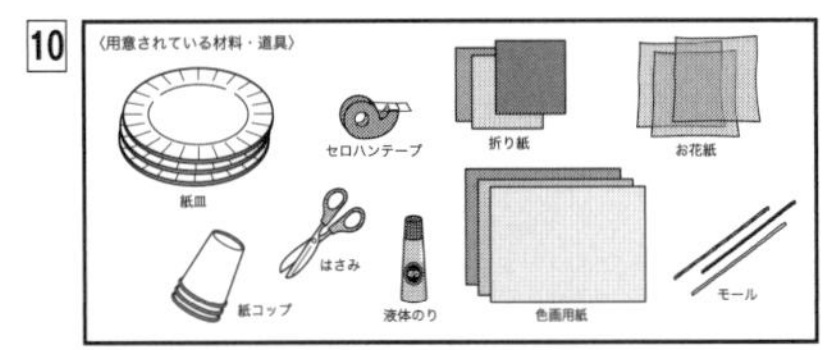

11
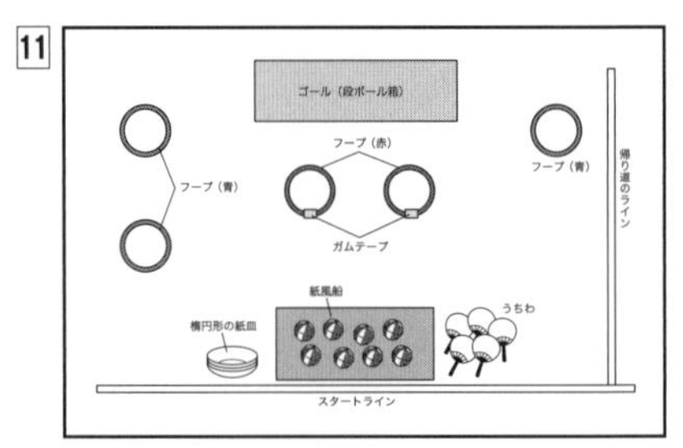

12
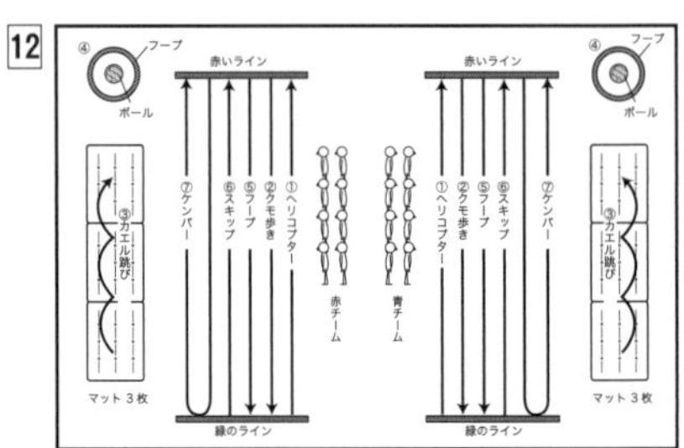

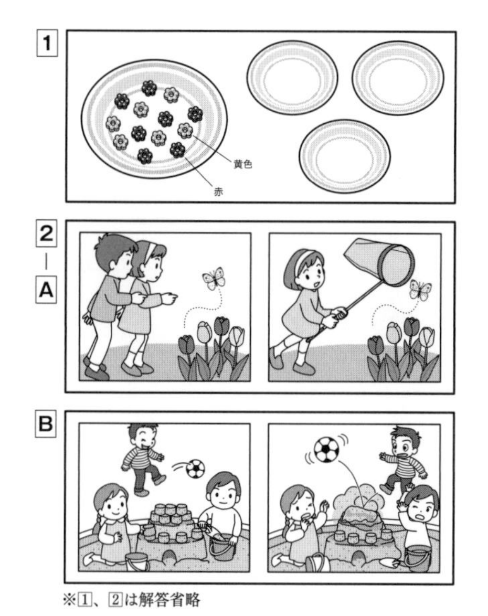

※1、2は解答省略

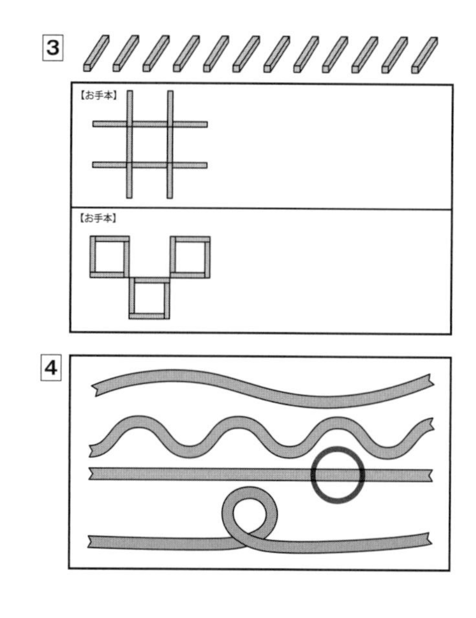

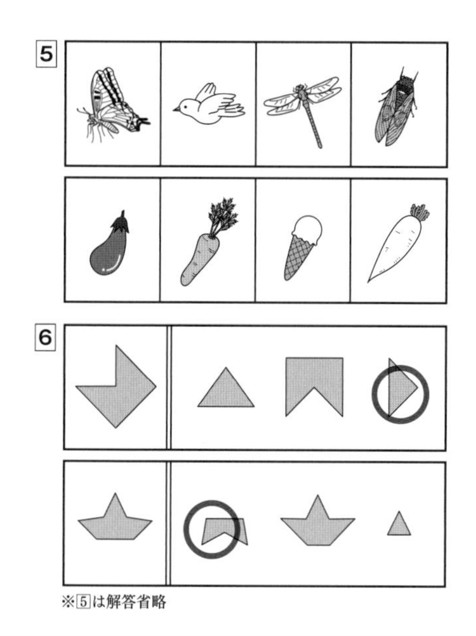

※5は解答省略

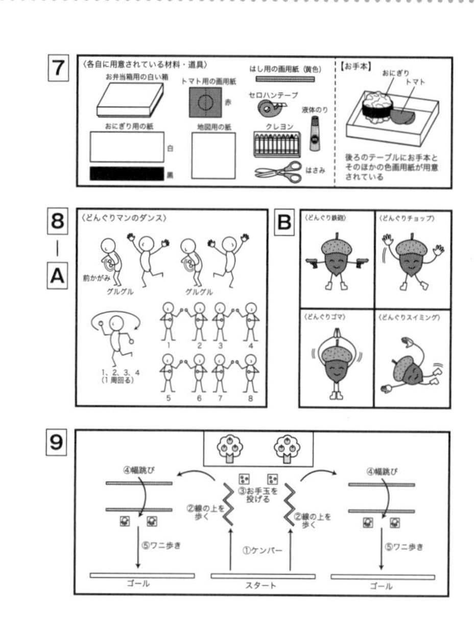

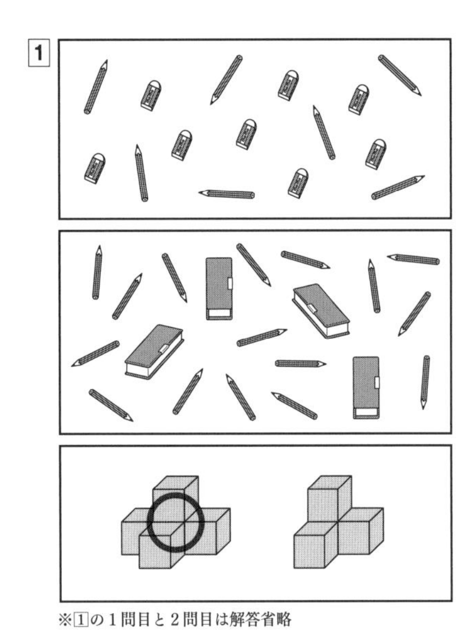

※1の1問目と2問目は解答省略

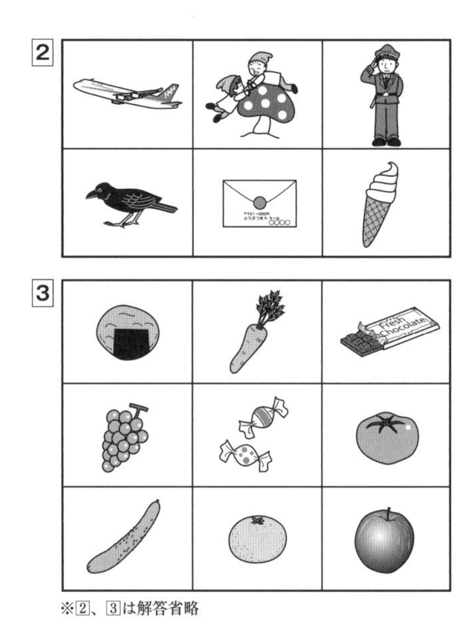

※2、3は解答省略

※4、5は解答省略

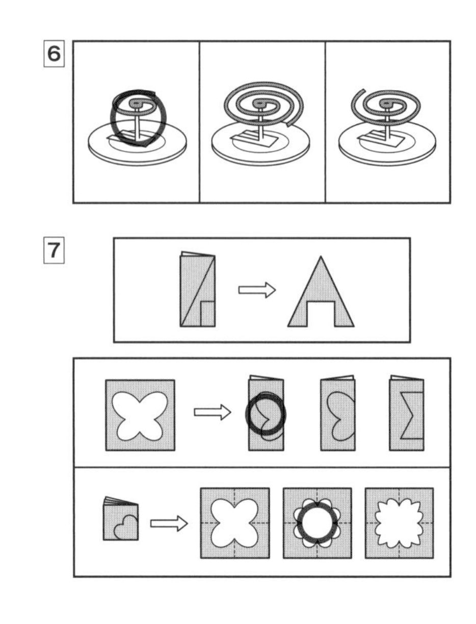

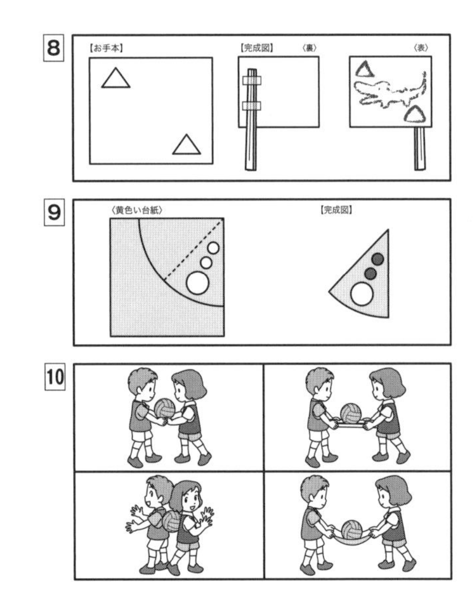

2016 解答例

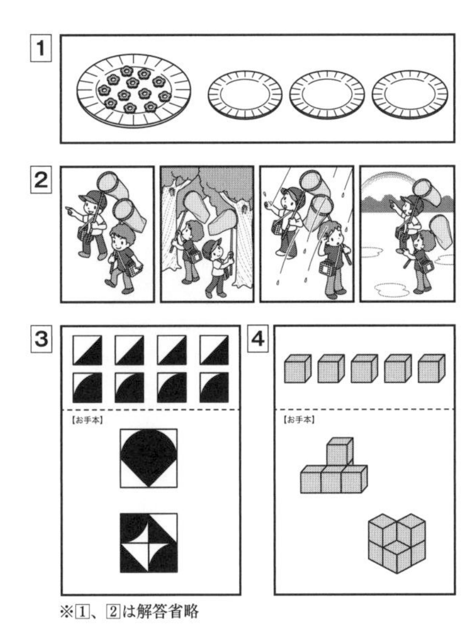

※1、2は解答省略

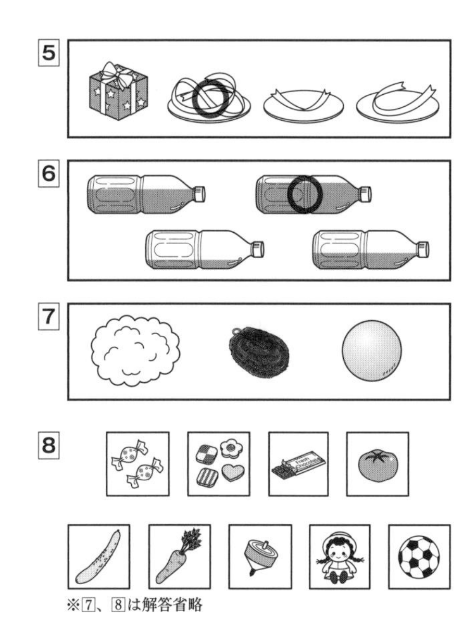

※7、8は解答省略

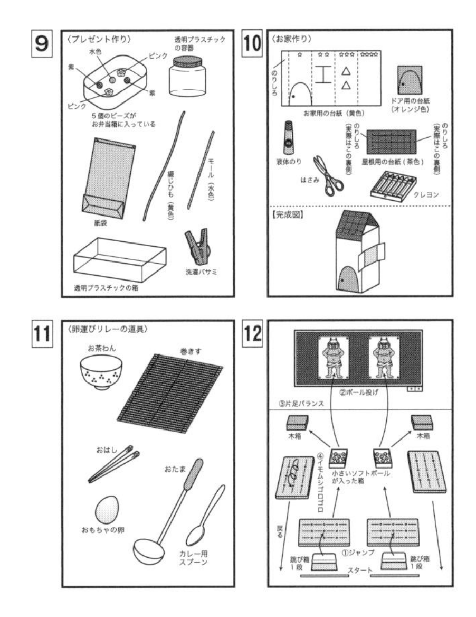

2015 解答例

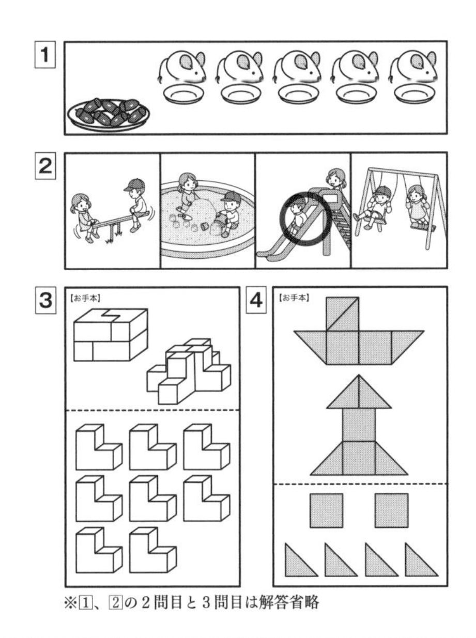

※1、2の2問目と3問目は解答省略

※6の1問目は○、2問目は△で表示。8は解答省略

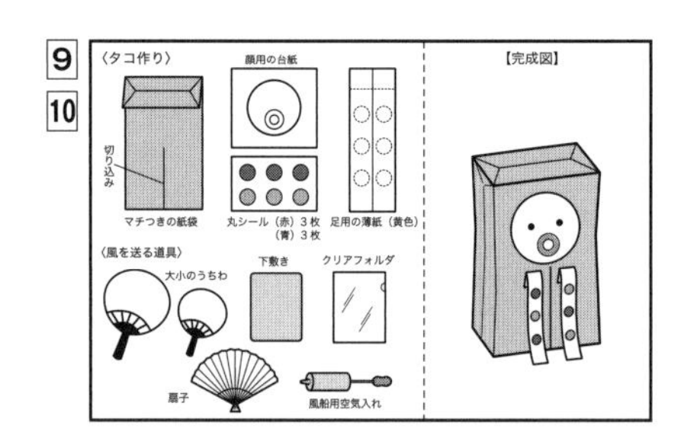
9
10
〈タコ作り〉
顔用の台紙
切り込み
マチつきの紙袋
丸シール（赤）3枚
（青）3枚
足用の薄紙（黄色）
〈風を送る道具〉
大小のうちわ
下敷き
クリアフォルダ
扇子
風船用空気入れ
【完成図】

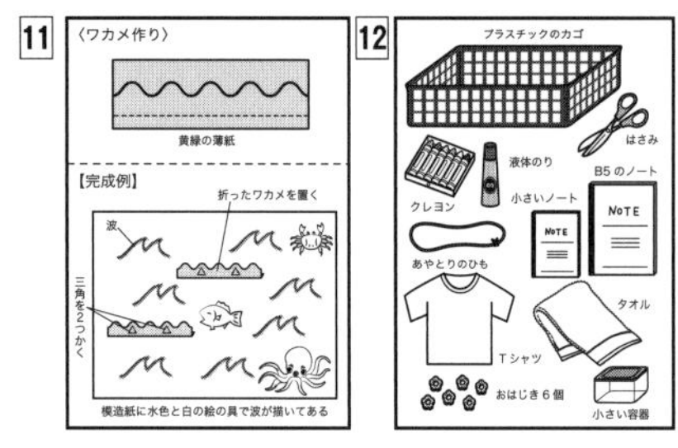
11
〈ワカメ作り〉
黄緑の薄紙
【完成例】
折ったワカメを置く
波
三角を2つかく
模造紙に水色と白の絵の具で波が描いてある
12
プラスチックのカゴ
はさみ
液体のり
B5 のノート
クレヨン
小さいノート
あやとりのひも
タオル
Tシャツ
おはじき6個
小さい容器

1

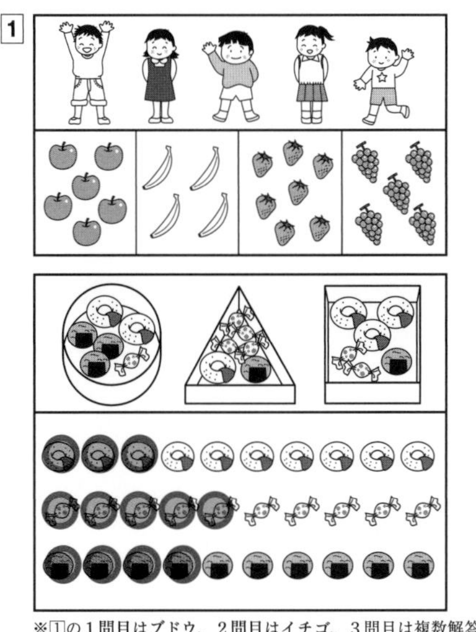

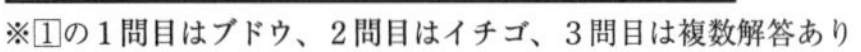
※1の1問目はブドウ、2問目はイチゴ、3問目は複数解答あり

2

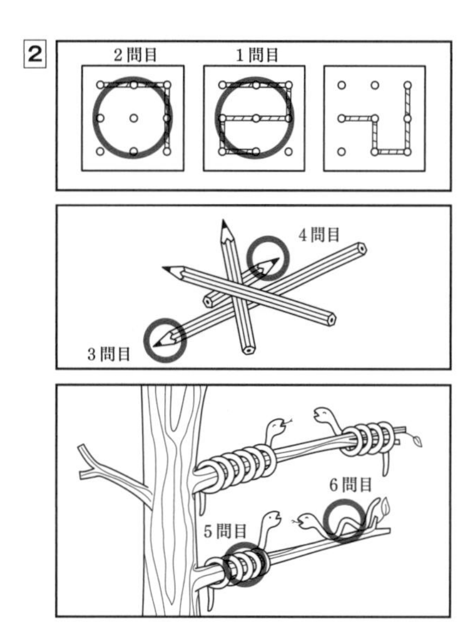

3

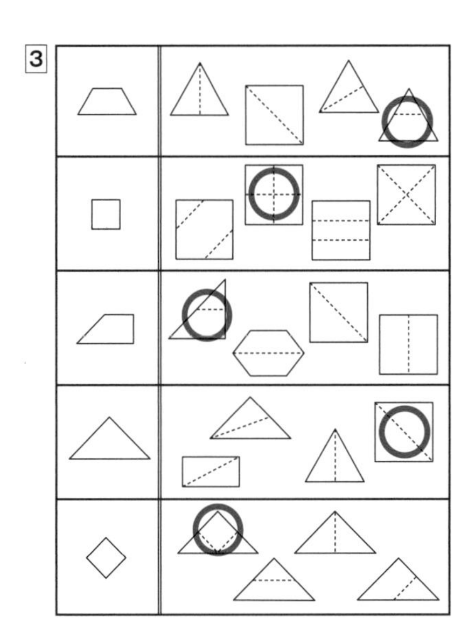

4

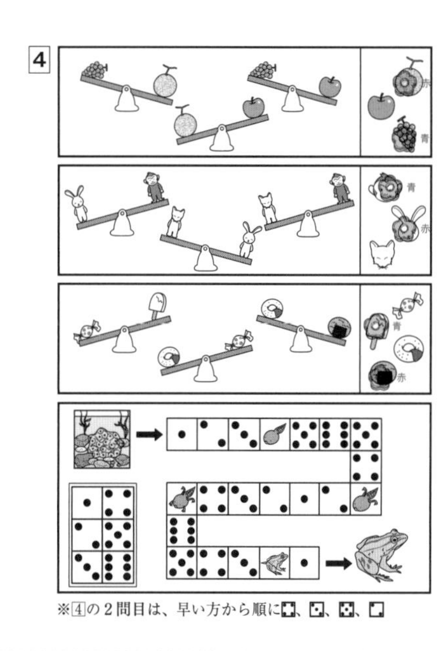

※4の2問目は、早い方から順に

5

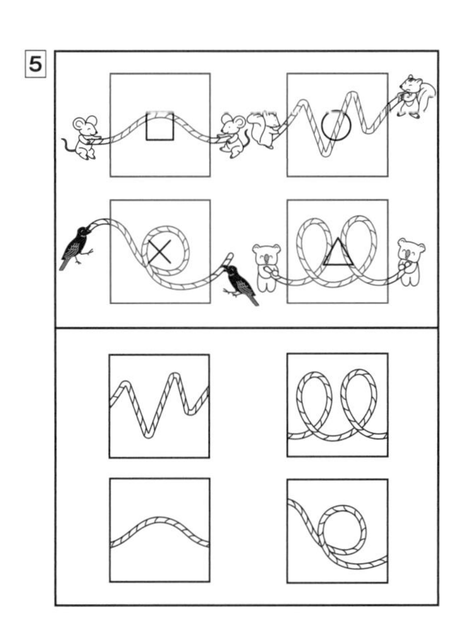

6

7

8

※6、8は解答省略

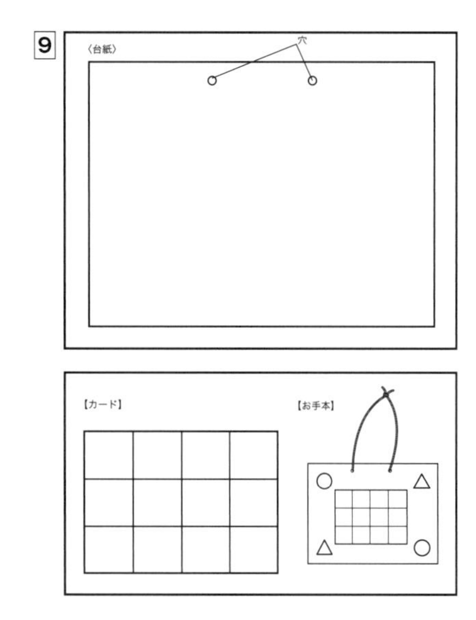
9
〈台紙〉
穴
【カード】
【お手本】

memo

Shinga-kai